Kai Schmedje · Swetlana Nikolajewa

Lebendiges Russisch 2

Ein moderner Sprachkurs
für Schule, Beruf und Weiterbildung

Zertifikatsband

Max Hueber Verlag

Verlagsredaktion: Roland Irmer, Angelika Strocka

CIP-Kurztitelaufnahme der Deutschen Bibliothek

> Lebendiges Russisch: e. moderner Sprachkurs für Schule,
> Beruf u. Weiterbildung / Kai Schmedje ; Swetlana Nikolajewa.
> München [i. e. Ismaning]: Hueber
> Teilw. verf. von Kai Schmedje u. Jurij M. Malinovič
> NE: Schmedje, Kai [Mitverf.]
> 2.
> [Hauptbd.]. Zertifikatsband. - 1. Aufl. - 1985
> ISBN 3-19-004426-0

Alle Rechte, auch die des Nachdruckes, der Wiedergabe in jeder Form und der Übersetzung in andere Sprachen, behalten sich Urheber und Verleger vor. Es ist ohne schriftliche Genehmigung des Verlages nicht erlaubt, das Buch oder Teile daraus auf fotomechanischem Weg (Fotokopie, Mikrokopie) zu vervielfältigen oder unter Verwendung elektronischer bzw. mechanischer Systeme zu speichern, systematisch auszuwerten oder zu verbreiten (mit Ausnahme der in den §§ 53, 54 URG ausdrücklich genannten Sonderfälle).

1. Auflage
3. 2. 1. | Die letzten Ziffern
1989 88 87 86 85 | bezeichnen Zahl und Jahr des Druckes.
Alle Drucke dieser Art können, da unverändert, nebeneinander benutzt werden.
© 1985 Max Hueber Verlag · München
Gesamtherstellung: Friedrich Pustet, Regensburg
Printed in Germany
ISBN 3-19-004426-0

Vorwort

Mit dem zweiten Band ist das Lehrwerk *Lebendiges Russisch* abgeschlossen. Der Wortschatz, die grammatischen Strukturen, die Redeabsichten sowie die behandelten Themen und Situationen sind weitgehend auf die Lernziele des VHS-Zertifikats *Russisch* des Deutschen Volkshochschulverbandes abgestimmt. *Lebendiges Russisch* eignet sich aber auch für den Russischunterricht an allgemeinbildenden Schulen.
Der in den beiden Bänden enthaltene Wortschatz beläuft sich auf etwa 2000 Wörter.
Die Grunderscheinungen der Grammatik sind vollständig dargestellt.

Die 16 Lektionen gliedern sich wie folgt:

A Texte: die Texte (Alltagsdialoge, Zeitungsbericht, Wetterbericht, Telefonbuch, Gedicht, Erzählung etc.) beruhen weitgehend auf Originalquellen. Inhaltlich berühren sie neben dem touristischen und landeskundlichen auch den persönlichen Lebensbereich des Lernenden. *Lebendiges Russisch 2* bereitet durch die Fülle des gebotenen Materials auf russische Originaltexte vor.

B Erklärungen und Übersichten zur Grammatik, zur Wortbildung (dadurch Erweiterung des Leseverständnisses) und zum Wortschatz (z. B. *lernen, lehren*).

C Übungen: die Übungen versuchen wie schon im ersten Band natürliche Sprechanlässe zu schaffen. Es wurden hauptsächlich solche Übungen aufgenommen, die dazu dienen, das wichtigste Ziel des Sprachunterrichts zu erreichen: Sprechfähigkeit in bestimmten Situationen und zu bestimmten Zwecken. Außer strukturgebundenen Übungen werden viele freiere Übungsformen angeboten, die der Entwicklung des freien Sprechens dienen, so daß der Lernende schrittweise dazu geführt wird, sich vom Lehrbuch zu lösen. Auf diese Übungen und auf solche, die den Lernenden persönlich ansprechen, sollte im Unterricht besonderer Wert gelegt werden. Bei der Reichhaltigkeit der Übungen empfiehlt es sich, je nach den Bedürfnissen der Lerngruppe auszuwählen. Bei der Auswahl der Illustrationen wurde nicht nur auf ihre Motivationskraft, sondern auch auf ihre Eignung als Grundlage für Unterrichtsgespräche geachtet.

Inhaltsverzeichnis

1. Что бы посове́товали вы?.. 5
   Како́е обраще́ние вы́брать?. 6
   Почему́ ну́жно быть ве́жливым?. 6
2. Пода́рок ко дню рожде́ния. 13
   Моли́тва Франсуа́ Вийо́на. . 14
3. Как на вулка́не. 21
4. Где лу́чше жить?. 30
   Посло́вицы и погово́рки. . . 31
5. Голубы́е диало́ги. 40
6. В общеобразова́тельной шко́ле № 355. 51
   Ли́чные вопро́сы. 53
   Отме́тки. 53
   Зада́ние. 55
7. Мо́да. 65
   Хо́чешь быть краси́вым, будь им!. 66
   Како́й вы есть?. 67
8. Пожилы́е лю́ди
   Журнали́сты спра́шивают, учёные отвеча́ют. 77
   Стари́к и я́блони. 78
   Кавка́зские долгожи́тели. . 79
   Вопро́сы долгожи́телям. . . 80
   Ди́ктор – 77. 80
9. У ка́ждого ви́да тра́нспорта свои́ преиму́щества. . . . 89
10. Три охо́тника. 100
    Гусь и жура́вль. 103
11. Самова́р. 116
    Чай. 117
    На чай. 117
    Гру́зия. 118
12. Интервью́ с инспе́ктором ГАИ. 126
    Не́сколько поле́зных сове́тов из пра́ктики рабо́ты ГАИ
    Зи́мняя езда́. 127
    Ле́тняя езда́. 128
    О пого́де. 129
    Толья́тти. 129
13. Телефо́нные разгово́ры. . . 140
    Как вас узна́ть?. 143
14. Пётр I и мужи́к. 150
    Бытова́я зада́ча. 151
15. Приглаше́ние. 160
    В магази́не пласти́нок. . . 163
16. Клуб здоро́вья. 170
    Отры́вок из интервью́ с изве́стным спортсме́ном, кото́рый завоева́л две золоты́х меда́ли. 171
    Пе́рвенство СССР по хокке́ю на льду. 172
    Расска́з больно́го. 172
    Коро́ткая информа́ция о медици́нском обслу́живании 172
    Отве́тьте на вопро́сы. . . . 173

Quellennachweis. 179

Übungen, die mehrere Lösungen zulassen, sind mit einem * versehen.

Что бы посоветовали вы?

Я заговорилась с подругой и опоздала на свидание. А Саша почему-то не стал ждать и ушёл. Пятнадцать минут он мог бы подождать. Точность, конечно, положительное свойство характера. Но я думаю: если он меня любит, он должен был бы подождать.
Как мне быть? Первой сделать шаг к примирению или тоже обидеться и не встречаться с ним больше?

Вот что сказал Гриша:
«Надо быть вежливым и уважать друга, который ждёт вас. Ведь он мог подумать, что с вами что-то случилось. Подруге можно было бы сказать, что вы должны пойти на свидание, что вам не хотелось бы опаздывать.
Вы виноваты в том, что он обиделся. Я бы посоветовал вам позвонить другу и извиниться перед ним.»

Вот что сказала Зоя:
«Я думаю, что ему не следовало бы уходить с назначенного места, так как он не знал, почему вы опоздали. Ведь вы опоздали не нарочно. Может быть, у вас были на это уважительные причины. На мой взгляд, он явно поторопился.»

Како́е обраще́ние вы́брать?

Молодо́й милиционе́р стоя́л на своём посту́ на перекрёстке. Вдруг он уви́дел, что кто-то стал переходи́ть у́лицу в непололо́женном ме́сте. Когда́ он подошёл к «наруши́телю», то уви́дел, что э́то была́ де́вушка необыкнове́нной красоты́. Тут он смути́лся и стал ду́мать, как обрати́ться к ней.

«Гражда́нка, вы что, под маши́ну хоти́те попа́сть?»
«Гражда́нка, вы нару́шили пра́вила у́личного движе́ния. С вас 50 коп. штраф.»
«Гражда́нка, здесь у́лицу переходи́ть нельзя́, для э́того есть подзе́мный перехо́д.»
«Де́вушка, здесь у́лицу переходи́ть опа́сно. Бу́дьте осторо́жны!»
В результа́те он сказа́л: «Де́вушка, разреши́те с ва́ми познако́миться? У вас бу́дет на э́той неде́ле когда́-нибудь свобо́дный ве́чер?»
«Това́рищ милиционе́р, я уже́, к сожале́нию, за́мужем», – отве́тила с улы́бкой де́вушка.

Почему́ ну́жно быть ве́жливым?

Граждани́н Си́доров пришёл за поку́пкой в магази́н.
– Я́блок килогра́мм, пожа́луйста. Е́сли мо́жно, покрупне́е...
– Всем кру́пные подава́й. Не нра́вится, не покупа́й, – «любе́зно» отве́тила продавщи́ца.
Покупа́тель Си́доров ушёл из магази́на злой на весь свет. В тролле́йбусе он накрича́л на гражда́нку Х, кото́рая заде́ла его́ су́мкой. Она́ до́ма ве́чером приказа́ла му́жу, что́бы он сам сходи́л за карто́шкой. В результа́те конфли́кта муж Х до́лго не мог засну́ть, у́тром встал в плохо́м настрое́нии и с головно́й бо́лью.
На рабо́те Х накрича́л на колле́гу У, кото́рый сде́лал ма́ленькую оши́бку. По́сле рабо́ты У вы́пил буты́лку во́дки и обвини́л жену́ в том, что она́ не «уважа́ет» его́. Жено́й была́ та са́мая продавщи́ца, кото́рая продава́ла я́блоки.

1. Konditional: бы + Vergangenheit

a) Durchführbare Möglichkeit

| Что вы посове́товали **бы**? | *Was würden Sie raten?* |

b) Nicht durchführbare Möglichkeit

| Он мог **бы** подожда́ть. | *Er hätte warten können.* |

Der Kontext entscheidet darüber, ob es sich um eine durchführbare oder eine nicht durchführbare Möglichkeit handelt.

c) Stellung von бы

Что **бы** вы мне посове́товали?
Что вы **бы** мне посове́товали?
Что вы мне посове́товали **бы**?

Die Stellung von бы ist mehr oder weniger frei.

2. -то, -нибу́дь   irgend-

a) Form: Fragewort + -то, -нибудь

какой-то, -нибудь	*irgendein*
кто́-то, -нибудь	*irgendwer, (irgend) jemand*
(с) ке́м-то, -нибудь	*mit irgendjemandem*
где́-то, -нибудь	*irgendwo*
куда́-то, -нибудь	*irgendwohin*
почему́-то, -нибудь	*aus irgendeinem Grunde*
че́й-то, -нибудь	*irgendjemandes*
что́-то, -нибудь	*irgendwas, etwas*
для чего́-то, -нибудь	*zu irgendeinem Zweck*
ка́к-то, -нибудь	*irgendwie*
отку́да-то, -нибудь	*irgendwoher*
когда́-то, -нибудь	*irgendwann*

u. a.

b) Funktion

> А он **почему́-то** не стал ждать.
> **Кто́-то** стал переходи́ть у́лицу.

Die Handlungen sind schon geschehen.

> Вы бы посове́товали ещё **что́-нибудь** друго́е?
> У вас бу́дет на э́той неде́ле **когда́-нибудь** свобо́дный ве́чер?

Es ist völlig offen, was man vorschlagen würde bzw. wann das Mädchen Zeit haben würde.
Die Handlungen stehen im Konditional oder in der Zukunft.

3. Instrumental: nach Infinitiv, in der Vergangenheit, in der Zukunft

> a. На́до (сле́дует, я хочу́, я до́лжен) быть **ве́жливым**.
> b. **Жено́й** была́ та са́мая продавщи́ца . . .
> c. Ива́н бу́дет **студе́нтом**.

Als veränderlich dargestellte Eigenschaften (Zustände) stehen im Instrumental.

Zu a: *Die Eigenschaft wird als gewünscht oder notwendig betrachtet. Sie braucht im Augenblick des Sprechens nicht wahr zu sein.*
Zu b: *Der Zustand (die Eigenschaft) wird als veränderlich dargestellt: die Ehe könnte heute geschieden werden.*
Zu c: *Der Zustand (die Eigenschaft) wird für die Zukunft als wahr dargestellt, braucht es aber im Augenblick des Sprechens noch nicht zu sein.*

Dagegen:

> Вячесла́в – **муж** Га́ли.
> Он всегда́ **ве́жлив**.

Zustand oder Eigenschaft werden als dauernd oder im Augenblick des Sprechens wahr angesehen; Substantiv oder Adjektiv im Nominativ.

4. хо́чется, хоте́лось

Neben der persönlichen Konstruktion Я хочу́ (ты хо́чешь, он хо́чет, мы хоти́м, И́горь хо́чет) пить gibt es die unpersönliche Konstruktion **Мне (тебе́, ему́, ей, нам, И́горю, . . .) хо́чется (хоте́лось) пить.** *Ich (Du, er, sie, wir, Igor) möchte trinken, ich habe (hatte) Durst.*

Der Unterschied: mit der unpersönlichen Konstruktion wird ausgedrückt, daß der Wunsch nicht vom eigenen Willen abhängig ist, daß man sich gegen diesen Wunsch nicht wehren kann.

5. Instrumental der Personalpronomen

Я Ты Мы Вы	Он мог подумать, что что-то случилось	со мной. с тобой. с нами. с вами.

1.
> Я поéхал(а) **в Берлин**. – Куда бы вы поéхали?
> Я встрéтил(а) егó **в гостинице**. – Где бы вы встрéтили егó?
> Я **обиделся(лась)**. – Вы бы тóже обиделись?

а. Я ждал(á) **двáдцать минýт**. **б.** Я позвонил(а) **начáльнику**. **в.** Я ушёл (ушлá) **в дéсять часóв**. **г.** Я обратился(лась) **к Татьяне Ивáновне**. **д.** Я прóдал(á) **машину**. **е.** Я молчáл(а). **ж.** Я повторил(а) это **три рáза**. **з.** Я поговорил(а) **с Николáем Алексáндровичем**. **и.** Я провёл(á) óтпуск **в Подмоскóвье**. **к.** Я выбрал(а) **эту книгу**. **л.** Я заплатил(а) **сто рублéй** за телевизор.

2.
> Я рабóтаю. – На вáшем мéсте я не рабóтал(а) бы.
> Я не пойдý на совещáние. – На вáшем мéсте я пошёл (-шлá) бы на совещáние.

а. Я не сéл(а). **б.** Я не отоплю кóмнату. **в.** Я не спрошý Юрия Андрéевича. **г.** Я не обéдал(а). **д.** Я покажý рабóты. **е.** Я не встáну. **ж.** Я слýшаю. **з.** Я не спал(á). **и.** Я помогý емý. **к.** Я игрáл(а) в тéннис. **л.** Я пишý письмó.

3.
> У Виктора нет врéмени. Он не придёт. – Если бы у негó было врéмя, он пришёл бы.
> Я не умéю петь. Я не бýду петь. – Если бы я умéл(а) петь, я пéл(а) бы.

а. Она́ не пришла́ на совеща́ние. Она́ не зна́ла о совеща́нии. **б.** Я не сказа́л(а) э́то Га́ле. Я не встре́тил(а) её. **в.** Я не приду́. Я не живу́ в Москве́. **г.** Петро́вы не отве́тили. Они́ не получи́ли письмо́. **д.** Вячесла́в не сдал свою́ рабо́ту. Он не вы́полнил её. **е.** Мы не купи́ли да́чу. Она́ нам не понра́вилась. **ж.** У меня́ нет мя́са. Я не смогу́ пригото́вить борщ. **з.** Авто́бус не пришёл во́время. Поэ́тому я опозда́л(а).

4. Кто́-то уже́ меня́ спра́шивал об э́том. – Но я не по́мню, кто меня́ спра́шивал.
Он почему́-то ушёл. – Но я не по́мню, почему́ он ушёл.

а. Ви́ктор купи́л каку́ю-то маши́ну. **б.** Я разгова́ривал об э́том с ке́м-то. **в.** Я ви́дел(а) Со́ню где́-то. **г.** Мы ходи́ли куда́-то встре́тить Ни́ну. **д.** Я ви́дел(а) чью́-то су́мку. **е.** Я был(а́) когда́-то в Ту́ле. **ж.** Для чего́-то я сошёл с трамва́я. **з.** Бори́с че́м-то оби́дел Татья́ну.

5. Я игра́л(а) не с Татья́ной. – Я игра́л(а) с ке́м-то други́м.
Я купи́л(а) не пла́тье. – Я купи́л(а) что́-то друго́е.
Я бу́ду игра́ть не с Са́шей. – Я бу́ду игра́ть с ке́м-нибудь други́м.

а. Э́то не ру́сская кни́га. **б.** О́вощи купи́ла не Татья́на. **в.** Мы не пойдём у́жинать сего́дня в наш рестора́н. **г.** Я бы не так гото́вила борщ. **д.** Ни́на не ви́дела Со́ню. **е.** Я не попроси́л(а) бы дире́ктора. **ж.** Я куплю́ О́ле не пла́тье.

*6. Я не зна́ю, кото́рый тепе́рь час. – На́до кого́-нибудь спроси́ть.
Я хочу́ изуча́ть неме́цкий язы́к. – На́до купи́ть како́й-нибудь уче́бник неме́цкого языка́.

а. Я живу́ оди́н (одна́). **б.** Мне хо́чется есть. **в.** Мне хо́чется купа́ться. **г.** Мне хо́чется посмотре́ть э́ту кинокарти́ну. **д.** Мне хо́чется повида́ть бе́лые но́чи в Ленингра́де. **е.** Че́рез неде́лю у Ни́ны бу́дет день рожде́ния. **ж.** На дворе́ хо́лодно.

7. Пётр Рома́нович – бы́вший учи́тель. – Он был хоро́шим (стро́гим) учи́телем.
Га́ля – учи́тельница. – Она́ хоро́шая (стро́гая) учи́тельница.
Оле́г Ива́нович у́чится на инжене́ра. – Мне ка́жется, что он бу́дет хоро́шим инжене́ром.

а. Ви́ктор Алекса́ндрович – бы́вший врач. **б.** Вячесла́в – экономи́ст. **в.** Ни́на Алекса́ндровна – бы́вшая официа́нтка. **г.** Серге́й у́чится на исто́рика. **д.** Ю́рий Андре́евич – нача́льник. **е.** Татья́на Серге́евна – бы́вший нау́чный рабо́тник. **ж.** Михаи́л у́чится на фи́зика. **з.** Людми́ла у́чится на учи́тельницу.

8. | Я не пил(а́). – Мне не хоте́лось пить.
   | Ни́на не бу́дет петь. – Ей не хо́чется петь.

а. Мы не игра́ли. **б.** Серёжа не бу́дет игра́ть. **в.** Я ничего́ не е́л(а). **г.** Мари́я Макси́мовна не бу́дет ждать. **д.** Де́ти не спят. **е.** Мы пи́ли. **ж.** Я не бу́ду у́жинать. **з.** Я молча́л(а).

*9. | Я уста́л(а). – Мне хо́чется спать.
    | Бы́ло уже́ по́здно. – Нам хоте́лось пойти́ домо́й.

а. Пого́да хоро́шая. **б.** Бы́ло жа́рко. **в.** К сожале́нию, нача́льника не́ было. **г.** Приёмная была́ полна́ наро́да. **д.** Блю́до бы́ло вку́сным. **е.** Снег хоро́ший. **ж.** На дворе́ ещё светло́. **з.** Матч бу́дет интере́сным.

10. | Серёжа опозда́л. – Но с ним ничего́ не случи́лось.
    | Мы опозда́ли. – Но с на́ми ничего́ не случи́лось.

а. ты **б.** Еле́на Вита́льевна **в.** я **г.** де́ти **д.** вы **е.** Ви́ктор Петро́вич **ж.** мы

11. | Ни́на в Москве́. – Е́сли бы она́ была́ здесь, я бы зашёл (-шла́) к ней.
    | В ко́мнате тепло́. – Е́сли бы не́ было тепло́ в ко́мнате, я истопи́л(а) бы печь.

а. Ка́сдорфы говори́ли по-неме́цки. **б.** Я заговори́лась с подру́гой. **в.** Он не стал ждать. **г.** Петро́вы пришли́ ко мне в э́тот ве́чер. **д.** Ма́ма постира́ла но́вые брю́ки. **е.** Я получи́ла письмо́ из до́ма. **ж.** Шкаф мне о́чень нра́вится. **з.** Ни́на мне помогла́.

*12. Вы недово́льны. Что вы говори́те?

| Ваш брат то́пит печь в тёплую пого́ду. Что вы ему́ говори́те? – Не на́до топи́ть печь сего́дня. Сего́дня тепло́. У́голь сто́ит до́рого.
| *Неве́жливо:* – Что ты? У тебя́ сли́шком мно́го де́нег? Не на́до сего́дня топи́ть.

> *Óчень вéжливо:* — Прошý тебя́ бóльше не топи́ть печь в тёплую погóду. Ведь на дворé сегóдня довóльно тепло́.

а. Вита́лий éдет сли́шком бы́стро. **б.** Ваш брат остана́вливается на перекрёстке. Он мóжет éхать да́льше. **в.** Ваш брат хóчет купа́ться в рекé. Вода́ холóдная. **г.** Ваш сын собира́ется на свида́ние. Он дóлжен торопи́ться, но он не торо́пится. **д.** Ваш муж (ва́ша жена́) пьёт сли́шком мнóго пи́ва. **е.** Ужé поздняя ночь. Ваш сын не хóчет спать. А за́втра емý нýжно встать ра́но ýтром.

*13. Что сказа́ть?

> Дéвушка симпати́чная. Как вы обраща́етесь к ней?
> — Разреши́те с ва́ми познакóмиться?
> — Мы с ва́ми где́-то встреча́лись.

а. Вы хоти́те вы́йти из автóбуса, но в нём мнóго нарóда. **б.** Вы в гостя́х у своегó коллéги. У негó краси́вые карти́ны. **в.** У ва́шего знакóмого хорóшая пласти́нка. **г.** С ва́ми случи́лось что́-то интерéсное. **д.** У вас вопрóс. **е.** У ва́шей подрýги (ва́шего дрýга) краси́вая шля́па. **ж.** Вы уезжа́ете. **з.** Вы хоти́те провести́ вéчер в рестора́не с друзья́ми. **и.** Елéна Вита́льевна умéет óчень хорошó игра́ть в тéннис.

*14.
> Мóжно летéть из Га́мбурга пря́мо в Москвý? — Нет, нельзя́. На́до летéть чéрез Ленингра́д.
> Мóжно взять я́блоко? — Конéчно, мóжно. Пожа́луйста, возьми́те. Мóжете взять да́же два я́блока.

а. пригото́вить борщ без мя́са **б.** летéть из Мю́нхена в Москвý без па́спорта **в.** получи́ть нóмер в гости́нице **г.** пойти́ в теа́тр без билéта **д.** летéть из ФРГ пря́мо в Амéрику **е.** купи́ть килогра́мм я́блок за три́дцать копéек **ж.** доéхать из Кёльна до Фра́нкфурта-на-Ма́йне за час **з.** пря́мо позвони́ть по телефóну из Дюссельдóрфа в Лóндон **и.** А в Москвý мóжно?

Пода́рок ко дню рожде́ния

— На́дя, послу́шай, я приглашена́ на день рожде́ния к одному́ молодо́му челове́ку и не зна́ю, что подари́ть ему́. Не могла́ бы ты мне посове́товать что́-нибудь?
— А ско́лько лет ему́ испо́лнится?
— Два́дцать два го́да.
— Прости́, я не расслы́шала.
— Ему́ испо́лнится два́дцать два го́да.
— Ага́, а кто он по профе́ссии?
— Он ещё у́чится в консервато́рии.
— Я бы на твоём ме́сте подари́ла ему́ хоро́шую пласти́нку и́ли кни́гу о му́зыке.
— Ты зна́ешь, у него́ стра́шно мно́го пласти́нок и книг, и я не зна́ю, чего́ у него́ ещё нет.
— Тогда́ подари́ ему́ краси́вый мо́дный га́лстук.
— Я ещё недоста́точно хорошо́ зна́ю его́ вкус и к тому́ же не зна́ю, но́сит ли он га́лстуки. До сих пор я ви́дела его́ то́лько в сви́тере.
— Слу́шай, неда́вно я иска́ла бра́ту фотоаппара́т и ви́дела в ГУ́Ме недороги́е кассе́тные магнитофо́ны ...
— Э́то великоле́пная иде́я! Магнитофо́на у него́ ещё нет, и он наверняка́ бу́дет о́чень рад тако́му оригина́льному пода́рку.

Моли́тва Франсуа́ Вийо́на

Пока́ Земля́ ещё ве́ртится, пока́ ещё я́рок све́т,
го́споди, дай же ты ка́ждому, чего́ у него́ нет:
му́дрому дай го́лову, трусли́вому дай коня́,
дай счастли́вому де́нег … И не забу́дь про меня́.

Пока́ Земля́ ещё ве́ртится, – го́споди, твоя́ власть! –
дай рву́щемуся к вла́сти навла́ствоваться всласть,
дай переды́шку щедро́му, хоть до исхо́да дня,
Ка́ину дай раска́яние … И не забу́дь про меня́.

Я зна́ю: ты всё уме́ешь, я ве́рую в му́дрость твою́,
как ве́рит солда́т уби́тый, что он прожива́ет в раю́,
как ве́рит ка́ждое у́хо ти́хим реча́м твои́м,
как ве́руем и мы са́ми, не ве́дая, что твори́м!

Го́споди мой бо́же, зеленогла́зый мой!
Пока́ Земля́ ещё ве́ртится, и э́то ей стра́нно само́й,
пока́ ей ещё хвата́ет вре́мени и огня́,
дай же ты всем понемно́гу … И не забу́дь про меня́.

Була́т Окуджа́ва

2B 1. Adjektive, besitzanzeigende Fürwörter, оди́н: Dativ Einzahl

Я приглашена́ к одному́ молодо́му челове́ку.	
Я подари́л цветы́ одно́й молодо́й же́нщине.	
моему́	мое́й
твоему́	твое́й
своему́	свое́й
на́шему	на́шей
ва́шему	ва́шей

оди́н oder nicht оди́н?

Wenn der Russe das Bedürfnis hat, die Unbestimmtheit von vornherein deutlich zu machen, benutzt er оди́н. Beim Fehlen von оди́н entscheidet bekanntlich der Zusammenhang über Bestimmtheit oder Unbestimmtheit des Substantivs.

2. Altersangabe

Ско́лько ему́ лет? – Два́дцать два (три, четы́ре) го́да.
Ни́не Бори́совне три́дцать оди́н год.
Петру́ Рома́новичу шестьдеся́т лет.

3. Genitiv der Mehrzahl der Substantive

a) Männlich

Мно́го га́лстуков: nach „harten" Konsonanten im Auslaut des Stammes
Мно́го госте́й: nach „weichen" Konsonanten im Auslaut des Stammes
Мно́го ключе́й: nach ж, ч, ш, щ im Auslaut des Stammes
Мно́го ме́сяцев: nach ц im Auslaut des Stammes bei Stammbetonung
Мно́го дворцо́в: nach ц im Auslaut des Stammes bei Endbetonung
В Га́мбурге бо́льше нет трамва́ев: nach й [j'] im Auslaut des Stammes

b) Weiblich

Мно́го карти́н: nach „harten" Konsonanten im Auslaut des Stammes
Пять неде́ль: nach „weichen" Konsonanten im Auslaut des Stammes
Мно́го пласти́нок: bei 2 Konsonanten im Auslaut des Stammes, wobei beide
              „hart" sind
Мно́го ча́шек: bei 2 Konsonanten im Auslaut des Stammes, wobei
" де́нег mindestens einer „weich" ist oder der vorletzte
" пе́сен ein ж, ч, ш oder щ
" дереве́нь
Шесть семе́й (*N Ez* семья́): nach weichem Zeichen im Auslaut des
              Stammes bei Endbetonung
Мы сде́лали мно́го экску́рсий: nach Vokalen im Auslaut des Stammes
Нет новосте́й: bei Substantiven der и-Deklination (weibliche Substantive, die
      im *N Ez* auf ein weiches Zeichen enden -ь)

c) Sächlich

> Мно́го озёр: nach „harten" Konsonanten im Auslaut des Stammes
> Пять море́й: nach „weichen" Konsonanten im Auslaut des Stammes
> Мно́го стёкол: bei 2 Konsonanten im Auslaut des Stammes
> Семь кре́сел
> Не́сколько пи́сем
> Мно́го лека́рств: in Substantiven mit der Nachsilbe -ство *(N Ez)*
> Мно́го совеща́ний: nach Vokalen im Auslaut des Stammes

Die weiblichen und sächlichen Substantive weisen nicht wenige Abweichungen auf, z. B. тётя: тётей дя́дя: дя́дей сестра́: сестёр ку́хня: ку́хонь пла́тье: пла́тьев ме́сто: мест

4. Die indirekte Frage

a) Ohne Fragewort

> Он но́сит га́лстуки? – Я не зна́ю, **но́сит ли** он га́лстуки.
> Ви́ктор придёт за́втра? – Я не спроси́л его́, **придёт ли** он за́втра.
> – ..., **за́втра ли** он придёт.

Ли steht hinter dem Wort, auf das es bei der Frage ankommt.

b) Mit Fragewort

> Где он у́чится? – Я не зна́ю, где он у́чится.

5. Der Genitiv als Objekt

> Дай счастли́вому **де́нег**.
> Дай мне, пожа́луйста, **са́хара**.
> Купи́ **мя́са**.

Wenn man nicht auf einen bestimmten Gegenstand hinweisen will, sondern auf eine Teilmenge, ohne die Größe der Menge anzugeben, kann man in der Funktion des Objekts den Genitiv statt des Akkusativs benutzen.

6. сам

N Ez	Я (ты, он, она́) **сам(а́)** пригото́вил(а) у́жин.
N Mz	Мы (вы, они́) **са́ми** накры́ли на стол.
G	Его́ **самого́** (её **само́й**) не́ было до́ма.
D	Э́то стра́нно ей **само́й** (ему́ **самому́**).
A	Я ви́дел её **саму́** (его́ **самого́**).
I	Я поговори́л с ним **сами́м** (с ней **само́й**).
P	Мы говори́ли о нём **само́м** (о ней **само́й**).

7. ohne zu – unvollendeter Aspekt

…, как ве́руем и мы са́ми, **не** ве́дая, что твори́м.
Я подари́ла ему́ кни́гу, **не** зна́я, есть ли у него́ э́та кни́га.
Бори́с игра́ет в волейбо́л **не** устава́я.
Мы смотре́ли, **не** ве́ря глаза́м.

8. так, тако́й

Он был **так рад** моему́ пода́рку. Сего́дня **так хо́лодно**.
Он бу́дет рад **тако́му оригина́льному** пода́рку.

Nach так wird die Kurzform, nach тако́й die Langform des Adjektivs verwendet. Так kann auch ein Adverb näher bestimmen.

2C

1. Оди́н молодо́й челове́к пригласи́л меня́. — Я приглашён(а́) на день рожде́ния к одному́ молодо́му челове́ку.
Молода́я же́нщина пригласи́ла меня́. — Я приглашён(а́) на день рожде́ния к молодо́й же́нщине.

а. но́вый инжене́р **б.** молода́я машини́стка **в.** оди́н молодо́й учи́тель **г.** одна́ лабора́нтка **д.** бы́вшая учи́тельница **е.** но́вый това́рищ **ж.** оди́н моско́вский врач **з.** но́вые друзья́

2. Я подари́л(а) Ви́ктору кассе́тный магнитофо́н. - Он был о́чень рад кассе́тному магнитофо́ну.
Я подари́л(а) Тама́ре биле́ты в теа́тр. - Она́ была́ о́чень ра́да биле́там в теа́тр.

а. Оле́г Никола́евич/кни́га о футбо́ле   **б.** Ни́на Алексе́евна/сувени́р   **в.** де́ти/матрёшки   **г.** Ми́ша/моро́женое   **д.** Татья́на/бе́лая блу́зка   **е.** Алёша/спорти́вный костю́м   **ж.** Бори́с/чёрные боти́нки   **з.** ученики́/неме́цкий журна́л

3. У вас есть газе́ты? — У нас есть мно́го газе́т.
У вас есть журна́лы? — У нас мно́го журна́лов.

а. бутербро́д   **б.** нож   **в.** сувени́р   **г.** врач   **д.** кни́га   **е.** ме́сто   **ж.** лабора́нтка   **з.** лаборато́рия   **и.** биле́т   **к.** таре́лка   **л.** ча́шка   **м.** ру́чка   **н.** письмо́

4. Ви́ктор придёт? - Я не зна́ю, придёт ли Ви́ктор.
Где институ́т? - Я не зна́ю, где институ́т.

а. Куда́ вы пое́дете?   **б.** Пого́да хоро́шая?   **в.** Вы пойдёте в теа́тр?   **г.** Тама́ра но́сит ю́бки?   **д.** С кем игра́л Ви́ктор?   **е.** И́горь игра́л с Со́ней?   **ж.** Чей э́то чемода́н?

5. Е́сли сего́дня 18/IX-81 г.

Да́та рожде́ния: 21/IX-59 г. — Ско́ро ему́ испо́лнится два́дцать два го́да.
Да́та рожде́ния: 10/IX-55 г. — То́лько что ему́ испо́лнилось два́дцать шесть лет.
Да́та рожде́ния: 4/III-40 г. — Ему́ со́рок оди́н год.

а. 5/IV-46 г.   **б.** 12/X-68 г.   **в.** 26/XII-25 г.   **г.** 18/II-43 г.   **д.** 9/VII-77 г.   **е.** 3/V-70 г.   **ж.** 24/VIII-49 г.   **з.** 30/IX-44 г.

6. Я разгова́ривал(а) с секретарём дире́ктора, а с ним сами́м я не разгова́ривал(а).
Сын Татья́ны Ива́новны был до́ма, а её само́й не́ было до́ма.

а. Я познакомился (-лась) с мужем Нины Андреевны, а... **б.** Я встретил(а) дочь Ольги, а... **в.** Я показал(а) газету товарищу Бориса, а... **г.** Я обратился (-лась) к начальнику Татьяны Сергеевны, а... **д.** Сестра Алёши была дома, а... **е.** Я попрощался (-лась) с матерью Алёши, а... **ж.** Муж Веры нелюбезный, а... **з.** Я помню жену Алексея, а... **и.** Я боюсь секретаря Марии Алексеевны, а... **к.** Родители Оли и Алёши уехали в отпуск, а... **л.** Жена Вячеслава знала об этом, а...

7. | Я подарил ему книгу, но до этого не знал, есть ли у него эта книга. — Почему вы подарили ему книгу, не зная до этого, есть ли она у него?

а. Мы гуляли и не разговаривали. **б.** Я писал, но не смотрел на бумагу. **в.** Я лежала весь день на диване и не вставала. **г.** Я смотрела на них, но ничего не делала. **д.** Я слушал, но не понимал его.

*8. | Вы сами готовите обед? — Да, сам (сама, сами).
— Да, сами, но иногда нам помогает Виктор.
— Нет, обычно обед готовит жена. Но когда её нет дома, я готовлю обед сам.

а. покупать продукты **б.** стирать бельё **в.** решать, когда вам идти в отпуск **г.** накрывать на стол **д.** ходить за газетой **е.** Когда вы больны, вы сами звоните на работу (в школу)? **ж.** сдавать книги в библиотеку

*9. | Нина, мне трудно написать письмо. — Не могла бы ты мне помочь?
— Не могла бы ты мне подать идею?
— Не могла бы ты мне посоветовать, что написать?
Мария Максимовна, я приглашён(а) на свадьбу. — Не могли бы вы посоветовать мне, что купить в подарок?
— Не хотели бы вы пойти со мной?

а. Витя, завтра я не смогу приехать на работу. **б.** Вы наверняка достанете билет на новый спектакль. **в.** Борис Иванович, я ещё никогда не был в Большом театре. **г.** Юрий, у меня нет часов. **д.** Иван Степанович, я забыл купить хлеб. **е.** Вера Степановна, вы поедете в Германию.

10. Сколько у вас журналов? — У меня двадцать шесть журналов.
Сколько у вас бутылок? — У нас сорок одна бутылка.

а. подруга/3 **б.** милиционер/16 **в.** девушка/10 **г.** яблоко/7 **д.** ошибка/21 **е.** этаж/5 **ж.** пластинка/32 **з.** магазин/8 **и.** строитель/12 **к.** врач/41 **л.** общежитие/6 **м.** гость/11 **н.** письмо/50 **о.** быть на Кавказе/неделя (1) **п.** ученик/31 **р.** цветок/22 **с.** пальто/3 **т.** пример/14

*11. Дай мне отдохнуть . . . хоть две минуты.

а. поработать **б.** подумать **в.** позвонить **г.** заснуть **д.** остаться **е.** попрощаться

*12. У моего дяди скоро будет день рождения. — Что вы подарите своему дяде? Цветы? — Нет, он не любит цветы.
— Да, он любит цветы.
— Да, цветами всегда можно порадовать его.
— Может быть, но я не знаю, любит ли он цветы.
— Нет, у него много (достаточно) цветов в саду.
— Нет, он был бы рад цветам, но он больше любит книги. Я подарю дяде книгу.

а. жена/ручка **б.** муж/шляпа (костюм) **в.** начальник/часы **г.** Борис Николаевич/галстук **д.** дочь/деньги **е.** сын/матрёшка **ж.** бабушка/телевизор **з.** сестра/сумка **и.** товарищ/бутылка шампанского **к.** тётя/роман **л.** отец/билет в театр **м.** мать/посуда

13. Он хорошо плавает. — Я плаваю так же хорошо.
Нина принесла ему оригинальный подарок. — Я принёс(ла) ему такой же оригинальный подарок.

а. У вас узкая кухня. **б.** Коля купил очень хорошее вино. **в.** Лев играет очень хорошо. **г.** У меня крепкий кофе. **д.** Начальник очень осторожно управляет машиной. **е.** У нас маленькая квартира. **ж.** Вере легко учиться иностранным языкам. **з.** Твоя мама молодая. **и.** У вас жарко.

3A

Как на вулкане

Я вы́шла за́муж. То́лько мы зарегистри́ровались, как Бори́са посыла́ют на Се́вер на полго́да. Представля́ете себе́?! На четвёртый день на́шей семе́йной жи́зни.
Он уезжа́ет, а я скуча́ю. Пи́сьма иду́т до́лго. Одна́жды ве́чером звони́т мне моя́ подру́га Ле́на и говори́т: «Ли́зочка, приходи́ ко мне в го́сти. Ничего́ осо́бенного у меня́ не бу́дет, бу́дет то́лько чай с варе́ньем и пече́ньем, и ещё бу́дет оди́н ми́лый челове́к, и придёт Ко́стя. Поговори́м, потанцу́ем немно́жко».
Ну, я и пошла́. Познако́милась там с Андре́ем Петро́вичем. Э́то уже́ немолодо́й мужчи́на, но обая́тельный челове́к. Мы с ним говори́ли весь ве́чер на ра́зные те́мы. Танцева́ли. Пото́м он провожа́л меня́ домо́й и ... Э́то ужа́сно, но я влюби́лась в него́. Зна́ю: э́то легкомы́сленно, несерьёзно, амора́льно — всё зна́ю, но ничего́ не могу́ с собо́й поде́лать, ни о чём друго́м не могу́ ду́мать.
Андре́й Петро́вич приглаша́ет меня́ в теа́тр, пото́м в кино́, пото́м на конце́рт, зате́м мы е́дем в такси́ за́ город, и на три́дцать второ́м киломе́тре он де́лает мне предложе́ние. Я говорю́, что я должна́ поду́мать. До́ма, не заду́мываясь, написа́ла письмо́ му́жу на Се́вер: «Дорого́й мой! Наш брак — э́то роковая оши́бка. Я поняла́, что я не люблю́ тебя́. Я встре́тила челове́ка, без кото́рого не могу́ жить. Он для меня́ всё, и я ухожу́ к нему́. Е́сли мо́жешь, прости́. Уже́ не твоя́ Ли́за».

ПЕРЕД РЕГИСТРАЦИЕЙ

— Меня зобут Вася, а тебя?

На другой день отправила заказным письмом. Через неделю встречаюсь с Андреем Петровичем и понимаю, что это совсем не тот человек: у него нет абсолютно никаких интересов, кроме женщин, он болтун, у него противный взгляд и что по-настоящему люблю Бориса.

А Борис, конечно, уже прочитал моё письмо и перестал мне писать.

Я схожу с ума. И вдруг приезжает Борис. Его отпустили на три месяца раньше срока. Он делает вид, как будто ничего не знает. Нежен, ласков, внимателен и ни слова о моём письме.

Мы живём счастливо, и вдруг звонок. Входит почтальон и подаёт Борису письмо. На конверте мой почерк. Когда Борис уехал, письмо послали обратно, и, значит, он ещё ничего не читал.

Он кладёт письмо в свой бумажник и уходит на работу.

Я хожу по комнате, как сумасшедшая. Что теперь будет?!

Он должен вернуться к шести часам, уже без десяти восемь, а его нет, в половине девятого приходит домой. Посмотрел на меня грустно-грустно и говорит: «Всего я ожидал, Лизочка, только не этого. У меня в троллейбусе вытащили из кармана бумажник, а в нём зарплата, все документы и твоё письмо, которое я не успел прочитать».

Ну, мы взяли в долг у друзей. Живём, наслаждаемся жизнью, и вдруг звонок. Входит почтальон и подаёт Борису пакет. Он развязывает его, а в нём бумажник с документами, деньгами и письмом.

Муж ничего не понимает, улыбается, а я в ужасе. Борис достаёт из конверта письмо и читает: «Дорогой мой! Наш брак — роковая ошибка. Я поняла, что не люблю тебя. Я встретила человека, без которого не могу жить. Он для меня всё, и я ухожу к нему. Если можешь, прости. Прощай. Твоя Роза.»

Вор перепутал и вложил в мой конверт письмо своей жены. Борис ничего не понимает и хохочет, а мне не до смеха. Ведь раз этот вор оказался таким порядочным человеком, так он может в любой момент заметить путаницу и вернуть Борису моё письмо. Это может случиться завтра, послезавтра, в любой день. Я просто не нахожу себе покоя.

С утра до пяти часов вечера я жду почтальона.

3B

1. Genitiv Mehrzahl der Adjektive und besitzanzeigenden Fürwörter

Но́вых журна́лов нет, а ста́рые журна́лы есть.
Ру́сских студе́нтов не бу́дет, бу́дут то́лько неме́цкие.
У други́х слу́жащих выходны́е дни суббо́та и воскресе́нье.
Все пришли́, кро́ме мои́х (на́ших) роди́телей.

Beachten Sie die ы, и-Regel.

2. Verneinung, verneinende Fürwörter

a) Что вы вы́брали? — Я **ничего́ не** вы́брал(а).
  Что вас удивля́ет? — **Ничто́** меня́ **не** удивля́ет.
  Кто оста́лся? — **Никто́ не** оста́лся.
  Кого́ вы встре́тили? — Мы **никого́ не** встре́тили.
  С кем вы разгова́ривали? — Я **ни с кем не** разгова́ривал(а).
  У кого́ есть ру́чка? — **Ни у кого́ нет** ру́чки.
  Куда́ вы ходи́ли? — Мы **никуда́ не** ходи́ли.
  Когда́ вы бы́ли в Ту́ле? — Я **никогда́ не́** был(а́) в Ту́ле.

b) **kein**
  — Neutral: У меня́ нет вопро́сов.
  — Zur Verstärkung: У меня́ **нет** | **никаки́х** вопро́сов. — *keinerlei*
                                      | **ни одного́** карандаша́. — *kein einziger*
  — In festen Wendungen: Он **не** говори́л | **ни сло́ва** | о письме́.
                                            | **ни ра́зу** |

c) Einfache und doppelte Verneinung
  Он **не раз** говори́л о письме́. — *nicht nur einmal*
  Он **ни ра́зу не** говори́л о письме́. — *kein einziges Mal*

3. Besitzanzeigende Fürwörter im Präpositiv

Ю́рий Андре́евич ничего́ не сказа́л о **моём** (**твоём, на́шем, ва́шем, своём**) письме́.
Биле́ты в **мое́й** (**твое́й, на́шей, ва́шей**) су́мке.
В газе́тах пи́шут о **мои́х** (**твои́х, на́ших, ва́ших**) успе́хах.

4. всё, это

N	Всё пра́вильно. Э́то пра́вильно.
G	Не хвата́ет **всего́**. **Э́того** ещё не хвата́ло.
D	Мы удивля́лись **всему́**. **Э́тому** я о́чень рад.
A	Мы **всё** сде́лали. Я понима́ю **э́то**.
I	Мы занима́лись **всем**. Он был недово́лен **э́тим**.
P	Мы написа́ли **обо всём**. Мы написа́ли об **э́том** в газе́ту.

5. сам, себя́

G	m	Он зна́ет всех, кро́ме самого́ **себя́**.
	w	Она́ зна́ет всех, кро́ме само́й **себя́**.
D	m	Вы представля́ете **себе́**? Я помога́ю сам(а́) **себе́**.
	w	Она́ отвеча́ет само́й **себе́**. (Он . . . самому́ **себе́**.)
A		Ты лю́бишь то́лько самого́ (саму́) **себя́**.
I		Он разгова́ривает сам (сама́) **с собо́й**.
P		Она́ расска́зывает **о само́й себе́**. (Он . . . **о само́м себе́**.)

Себя́ bezieht sich auf das Subjekt des Satzes, unabhängig von der Zahl und der Person des Subjekts (s. свой). Wie im Deutschen (selbst) kann сам hinzugefügt werden. Ob себя́ oder die Nachsilbe -ся, -сь benutzt wird, entscheidet der Gebrauch (s. Wörterverzeichnis).

Vergleichen Sie: Вы представля́ете **себе́**?
  aber: Я обрати́ла**сь** к учи́тельнице.

6. Genitiv und Dativ der Grundzahlen 2—39

	G	D		G		D	
2	двух	двум		. . .		. . .	
3	трёх	трём	20	двадцати́		двадцати́	
4	четырёх	четырём	21	двадцати́	одного́ / одно́й	двадцати́	одному́ / одно́й
5	пяти́	пяти́					
8	восьми́	восьми́	22	двадцати́ двух		двадцати́ двум	

Beispiele:

> Все пришли́, кро́ме **двух** же́нщин (мужчи́н).
> У **семи́** тури́стов есть паспорта́.
> Магази́н откры́т с **девяти́** до **двадцати́** часо́в.
> Магази́н закры́т с **ча́су** до **двух**.
> Прошу́ вас вы́полнить рабо́ту к **пяти́** часа́м.

7. Umgangssprachliche und offizielle Uhrzeit

Umgangssprachlich

> 7^{03} Тепе́рь три мину́ты восьмо́го.
> Мы пришли́ три мину́ты восьмо́го.
> 10^{10} Тепе́рь де́сять мину́т оди́ннадцатого.
> 12^{20} Тепе́рь два́дцать мину́т пе́рвого.
> 14^{15} Тепе́рь че́тверть тре́тьего.
> 21^{30} Сейча́с полови́на деся́того.
> Спекта́кль ко́нчился в полови́не деся́того.
> 8^{40} Тепе́рь без двадцати́ (мину́т) де́вять.
> 17^{45} Сейча́с без че́тверти шесть.
> 6^{57} Тепе́рь без трёх (мину́т) семь.

Offiziell

> 7^{03} Тепе́рь семь часо́в три мину́ты.
> По́езд прибыва́ет в семь часо́в три мину́ты.

3С **1.**
> Нам нужны́ ру́сские кни́ги. — У нас ру́сских книг нет.
> Нам нужны́ неме́цкие журна́лы. — У нас неме́цких журна́лов нет.

а. бе́лые конве́рты **б.** англи́йские и америка́нские пласти́нки **в.** жёлтый сви́тер **г.** оригина́льные пода́рки **д.** пятикопе́ечные моне́ты **е.** си́ние брю́ки **ж.** све́жий карто́фель **з.** недороги́е биле́ты

2.
> Неме́цких газе́т нет. — Есть сове́тские газе́ты.
> У меня́ есть бе́лые руба́шки. — А чёрных руба́шек у меня́ нет.

а. У меня́ есть сове́тские де́ньги. **б.** дли́нные пла́тья **в.** кру́пный карто́фель **г.** У нас есть то́лько краси́вые пе́сни. **д.** У вас то́лько хоро́шие кни́ги. **е.** Нет плохи́х новосте́й. **ж.** Нет больны́х ученико́в. **з.** Есть то́лько непра́вильные отве́ты.

3.
> Ты игра́л(а) с ке́м-нибудь? — Нет, я ни с кем не игра́л(а).
> Вы ходи́ли куда́-нибудь? — Нет, я никуда́ не ходи́л(а).

а. Вы остана́вливались где́-нибудь в пути́? **б.** Кто́-нибудь оста́лся? **в.** Вы познако́мились с ке́м-нибудь? **г.** Что́-нибудь случи́лось? **д.** Вы встре́тили кого́-нибудь? **е.** У вас есть каки́е-нибудь журна́лы? **ж.** Вы ви́дели чью́-нибудь рабо́ту? **з.** Вы кому́-нибудь звони́ли? **и.** Вы разгова́ривали о ко́м-нибудь? **к.** Вы оби́делись на кого́-нибудь? **л.** Вы поду́мали о чём-нибудь?

4.
> Каки́е де́вушки бы́ли на ве́чере? — На ве́чере не́ было ни одно́й де́вушки.
> Вы купи́ли пласти́нки? — Нет, я не купи́л(а) ни одно́й пласти́нки.

а. У вас есть конве́рт? **б.** Това́рищи оби́делись? **в.** Вы позвони́ли друзья́м? **г.** Вы извини́лись пе́ред учителя́ми? **д.** Вы посла́ли пи́сьма? **е.** Вы ходи́ли в теа́тр? **ж.** Вы вы́полнили чертежи́? **з.** На каки́х ста́нциях по́езд остана́вливался? **и.** Вы мно́го сде́лали оши́бок?

5.
> Ю́рий осмотре́л мою́ но́вую кварти́ру. — Но он не сказа́л ни сло́ва о мое́й кварти́ре.
> Ю́рий прочита́л ва́ше письмо́. — Но он не сказа́л ни сло́ва о ва́шем письме́.

а. Юрий видел мою книгу. **б.** . . . твою жену. **в.** . . . слышал о наших успехах. **г.** . . . слушал нашу новую пластинку. **д.** . . . посмотрел мой чертежи. **е.** . . . увидел моего брата. **ж.** . . . посмотрел твои картины. **з.** . . . дачу Людмилы. **и.** . . . видел вашу страну. **к.** . . . наше озеро.

6. Мы говорили обо всём, но об этом мы не говорили.
   Мы купили всё, но этого мы не купили.

а. Мы требовали всего, но . . . **б.** Мы занимались всем, но . . . **в.** Мы слышали обо всём, но . . . **г.** Мы удивлялись всему, но . . .

7. Вы купили кефир? — Мы купили всё, но кефир не купили.
   Вы говорили о новом учебнике? — Мы говорили обо всём, но об учебнике не говорили.

а. Вы слышали о нашем успехе? **б.** Вы занимались историей? **в.** Вы требовали, чтобы вас повысили в должности? **г.** Вы послали пластинки? **д.** Вы удивились встрече?

8. Борис не говорит о других. — Он говорит только о (самом) себе.
   Никто с Виталием не разговаривает. — Он разговаривает сам с собой.

а. Вера не говорит о других. **б.** Начальник никого не любит. **в.** Татьяна Николаевна никем не занимается. **г.** Алёша о других не пишет. **д.** Никто Лене не отвечает. **е.** Виктор Николаевич никому не привозит сувениры.

9. Я ждал(а) два часа. С десяти до двенадцати часов (10—12 ч.)

а. 17—19 ч. **б.** 15—17 ч. **в.** 6—8 ч. **г.** 13—15 ч. **д.** 7—9 ч. **е.** 8—10 ч. **ж.** 11—13 ч. **з.** 2—4 ч. **и.** 9—11 ч. **к.** 12—14 ч.

10. Который час? — Сейчас без двадцати (минут) три. — Значит четырнадцать часов сорок минут (14 ч. 40 м.).

а. 7 ч. 03 м. **б.** 9 ч. 45 м. **в.** 11 ч. 10 м. **г.** 13 ч. 21 м. **д.** 8 ч. 54 м. **е.** 12 ч. 38 м. **ж.** 14 ч. 13 м. **з.** 5 ч. 30 м. **и.** 16 ч. 25 м. **к.** 10 ч. 55 м. **л.** 15 ч. 39 м. **м.** 6 ч. 49 м. **н.** 17 ч. 15 м. **о.** 4 ч. 28 м. **п.** 18 ч. 45 м.

11. | Поезд из Тулы прибывает в четырнадцать часов двадцать минут. — Ты прав(а), поезд придёт (в) двадцать минут третьего (14 ч. 20 м.).

Используйте примеры из упражнения 10.

12. | Вы сделаете это к шести часам? — К шести часам не успею. А к семи часам это можно сделать.

а. 9 ч. **б.** 12 ч. **в.** 5 ч. **г.** 1 ч. **д.** 7 ч. **е.** 14 ч. **ж.** 10 ч. **з.** 3 ч. **и.** 8 ч. **к.** 16 ч.

*13. | В моей комнате чисто. — В моей комнате тоже чисто. — А в моей комнате не очень чисто. Я должен (должна) ещё убрать немного в своей комнате.

Наш почтальон приходит всегда в один и тот же час (в одно и то же время). — Наш почтальон тоже . — А наш почтальон приходит в разные часы. Иногда без десяти восемь, иногда в половине десятого.

а. Мои ключи находятся обычно в левом кармане брюк. **б.** Продавщицы в нашем магазине вежливые. **в.** У меня всегда хорошее настроение. **г.** Мои коллеги все симпатичные. **д.** Наш начальник (директор) говорит первым «здравствуйте». **е.** В нашей школе есть большой спортивный зал. **ж.** В моём чемодане обычно много ненужных вещей. **з.** В моей комнате висят картины. **и.** Наш бассейн открыт с шести часов утра до десяти часов вечера. **к.** Наш магазин открыт с девяти часов утра до девяти часов вечера.

*14. Ответьте на следующие вопросы к тексту.

а. Когда послали Бориса на Север? **б.** На какой срок посылают Бориса на Север? **в.** Почему Лиза скучает? **г.** Почему Лена звонит Лизе? **д.** Что делает Лиза у Лены? **е.** Что Лиза делает после вечера у Лены? **ж.** Через неделю Лиза замечает, что Андрей Петрович не тот человек. Почему? **з.** Что чувствует Лиза? **и.** Почему Борис не получил письмо на Севере? **к.** Почему Борис не прочитал письмо, когда почтальон принёс его? **л.** На что жили Борис и Лиза, когда вор украл бумажник Бориса? **м.** Что в пакете, который Борис потом получает? **н.** Как Борис реагирует на письмо вора? **о.** Как Лиза реагирует на письмо вора: перед тем, как прочитать его; после того, как она прочитала его?

*15.
> Я влюби́лась (-лся). — Но оказа́лось, что я влюби́лась (-лся) не в того́ мужчи́ну (не в ту же́нщину).
> Я е́хал(а) на по́езде. — Но оказа́лось, что я сел(а) не в тот по́езд.

а. перейти́ у́лицу **б.** извини́ться **в.** гото́виться к экза́мену **г.** наде́ть шля́пу **д.** зада́ть вопро́с **е.** сиде́ть на сту́ле **ж.** маши́на останови́лась **з.** обрати́ться к кому́-то **и.** взять лека́рство **к.** сдать кни́ги **л.** разгова́ривать с инжене́ром

*16.
> Когда́ вы нахо́дитесь на тамо́жне, де́лайте вид, как бу́дто (= что) у вас всё в поря́дке.
> Когда́ вы наруша́ете пра́вила у́личного движе́ния, де́лайте вид, как бу́дто (= что) вы ничего́ не заме́тили.

а. Е́сли вы не зна́ете отве́т, ... **б.** Е́сли вы хоти́те прода́ть покупа́телю что-нибу́дь, ... **в.** Е́сли вы в гостя́х у кого́-нибудь и како́е-то блю́до вам не нра́вится, ... **г.** Е́сли у вас плохо́е настрое́ние, ... **д.** Е́сли вы сде́лали оши́бку, ... **е.** Е́сли вы хоти́те посмотре́ть како́й-то фильм, ... **ж.** Е́сли вы сдаёте кни́гу в библиоте́ку сли́шком по́здно, ...

17.
> Ве́ра хорошо́ игра́ет в волейбо́л. Она́ игра́ет ка́ждый день.
> В кино́ мо́жно пойти́ в любо́й день.

а. Купи́те для Со́ни, что хоти́те. Она́ бу́дет ра́да ... **б.** Мы о́чень лю́бим го́ры. Мы прово́дим о́тпуск в гора́х ... **в.** Библиоте́ка откры́та ка́ждый день (ежедне́вно). Мо́жете прийти́ в ... **г.** Все они́ отли́чные специали́сты. Мо́жете обрати́ться к ... **д.** Э́ти матрёшки все краси́вые. Мо́жете вы́брать ... **е.** Вы хоти́те узна́ть результа́ты. Вы найдёте их в ... газе́те.

4А Где лу́чше жить?

В ле́тние кани́кулы Ва́ля прие́хала в дере́вню к ба́бушке. В пе́рвый же день она́ рассказа́ла ба́бушке о том, что она́ с роди́телями перее́хала в го́роде на но́вую кварти́ру.

— Ну, поздравля́ю вас с новосе́льем. Что же э́то за дом?

— Дом, в кото́ром мы тепе́рь живём, девятиэта́жный с четырьмя́ подъе́здами и ли́фтом. Он нахо́дится в но́вом райо́не на ти́хой у́лице, так что совсе́м не слы́шно городско́го шу́ма. На́ша кварти́ра на седьмо́м этаже́. У нас три ко́мнаты, ку́хня, ва́нная и большо́й балко́н. С балко́на прекра́сный вид на го́род. Кварти́ра со все́ми удо́бствами: канализа́цией, горя́чей и холо́дной водо́й и центра́льным отопле́нием.

— Да, а у меня́ всех э́тих удо́бств нет.

— Пра́вда, я счита́ю, что твой дом краси́вее, чем наш дом в го́роде. У ста́рых деревя́нных домо́в то́же есть своя́ пре́лесть. У тебя́, ба́бушка, потолки́ вы́ше, чем у нас, и ме́ста бо́льше. Тако́го са́да, как у тебя́, коне́чно, в го́роде не уви́дишь.

Всё-таки это большое преимущество иметь под боком собственные свежие фрукты и овощи. И воздух в сельской местности чище, чем в городе. Чтобы поехать за город, на природу, нужно из города больше часа ехать на электричке. А тут до леса рукой подать, можно сходить за грибами и за ягодами, речка совсем близко. В городе надоедает жить.
— Зато у вас в городе больше магазинов и возможностей для развлечений. И в музей можно сходить и в цирк, и в театр, в кино, на выставку, а у нас один клуб да один универмаг.
— Знаешь, бабушка, у меня слишком мало времени, чтобы развлекаться. У нас сейчас много уроков. Затем я хожу на тренировки по художественной гимнастике. Всё это отнимает массу времени. К тому же я ещё занимаюсь в хоровом кружке: говорят, что у меня хороший голос.
— Вот видишь, у нас в деревне отсутствуют такие большие возможности. Тебе, наверное, скоро станет скучно здесь.
— Конечно, я тоже считаю жизнь в городе более разнообразной и настолько привыкла к ней, что не знаю, где мне больше нравится.

Пословицы и поговорки

— За двумя зайцами погонишься, ни одного не поймаешь.
— Любовь не картошка, не выбросишь в окошко.
— Лучше меньше да лучше.
— Из двух зол выбрать меньшее.
— Тише едешь, дальше будешь.
— В гостях хорошо, а дома лучше.
— Ум хорошо, а два лучше.
— Утро вечера мудренее.
— Своя рубашка ближе к телу.
— Всему своё время.
— Выше лба уши не растут.

4B 1. Komparativ der Adjektive

Der Komparativ der Adjektive als Attribut

> Я купи́ла **бо́лее (ме́нее) краси́вые** цветы́.
> Мы рабо́таем тепе́рь в **бо́лее све́тлом** кабине́те.
> Я счита́ю жизнь в го́роде **бо́лее разнообра́зной**.

Folgende Adjektive haben einen Komparativ ohne бо́лее:

> У нас бо́льшее (лу́чшее, ме́ньшее) возмо́жности гля развлече́ний.
> Мы перее́хали в **бо́льшую (лу́чшую, ме́ньшую)** кварти́ру.

Der Komparativ der Adjektive als Prädikatsnomen

> Твой дом краси́**вее**, чем наш дом (на́шего до́ма).
> Твоя́ кварти́ра краси́**вее**, чем на́ша кварти́ра (на́шей кварти́ры).
> Ва́ше пальто́ тепл**е́е** (ме́нее тёплое), чем моё (моего́).
> Ва́ши стака́ны краси́**вее**, чем на́ши (на́ших).

Die Endung -ee verkürzt sich zu -e, wenn sich der Konsonant (die Konsonanten) im Auslaut des Stammes verändert (verändern). Vergl. Sie die и-Verben in der Gegenwart.

И во́здух чи́**ще**, чем в го́роде.	г, д → ж	х → ш
Hier: **-стый** **-ще**	к, т → ч	ст → щ

Unregelmäßige Formen

хоро́ший →	лу́чше	до́лгий →	до́льше
ста́рый → →	ста́рее (nur für Sachen) ста́рше (nur für Personen)	далёкий → высо́кий →	да́льше вы́ше
большо́й →	бо́льше	у́зкий →	у́же
ма́ленький →	ме́ньше	бли́зкий →	бли́же
плохо́й →	ху́же		

Neben diesen Formen werden als Prädikatsnomen, wenn auch seltener, die Formen mit бо́лее benutzt.

> Э́то письмо́ **бо́лее оригина́льное**.

Betonung: Zweisilbige Adjektive auf -ee werden meist auf der Endung betont. Komparative mit der Nachsilbe -е werden nie endbetont: тепле́е — чи́ще.

2. Komparativ der Adverbien (wie bei den Kurzformen der Adjektive, s. o.)

Я не зна́ю, где мне **бо́льше** нра́вится.
Моя́ сестра́ пла́вает **лу́чше** меня́ (,чем я).

Unregelmäßige Formen

о́чень, мно́го → бо́льше   ма́ло → ме́ньше   ра́но → ра́ньше

3. свой — eigen

У ста́рых деревя́нных домо́в то́же есть **своя́** пре́лесть.
У нас есть **своя́** маши́на. У Ю́рия бу́дет **своя́** да́ча.
Andere Möglichkeit: со́бственный

4. все э́ти

N **Все э́ти** лю́ди пришли́ на вы́ставку.
G У меня́ **всех э́тих** удо́бств нет.
D Дай **всем э́тим** лю́дям понемно́гу.
A Ве́ра сдала́ **все э́ти** кни́ги в библиоте́ку.
I Кварти́ра со **все́ми э́тими** удо́бствами сто́ит доро́же.
P Во **всех э́тих** дома́х не рабо́тало отопле́ние.

5. то

N **То, что** вы то́лько что сказа́ли, мне о́чень понра́вилось.
G Мы зашли́ **для того́, что́бы** верну́ть кни́ги.
D Я ра́да **тому́, что** вы всё-таки смогли́ прийти́.
A Я подарю́ вам **то, чего́** у вас нет.
I Я поздравля́ю вас **с тем, что** вы так хорошо́ сда́ли экза́мен.
P Расскажи́те **о том, как** вы получи́ли э́ту кварти́ру.

6. Grundzahlen 2 — 39 im Instrumental

> Это дом с **двумя** (**тремя**, **четырьмя**, **пятью**, **шестью**) подъездами.
> *7:* **семью**   *8:* **восьмью**   *9:* **девятью** ...

7. Wortbildung (s. auch L.3: der Genitiv der Grundzahlen)

> Я живу в **однокомнатной** (**двухкомнатной**, **трёхкомнатной**) квартире.
> Я живу в **одноэтажном** (**двухэтажном**, **трёхэтажном**) доме.
> Это **десятилетний** мальчик. Это **одиннадцатилетняя** девочка.
> Мне нужна **пятикопеечная** (**пятнадцатикопеечная**) монета.

8. kann man nicht — Genitiv als Objekt bei Verneinung

> **Такого сада** (**такой сад**), как у тебя, конечно, в городе **не увидишь**.
> За три часа **не отдохнёшь**. Без мяса борщ **не приготовишь**.

Achten Sie auf den vollendeten Aspekt der Verben. In Sätzen, in denen das Verb verneint wird, kann das Objekt außer im *A* auch im *G* stehen.

4C

1.
> Вернер высокий. — Я считаю Бориса ещё более высоким.
> Нина красивая. — Я считаю Таню ещё более красивой.

а. Наш дом большой (дом Бориса)   **б.** Мой магнитофон хороший (этот магнитофон)   **в.** Этот кофе крепкий (мой кофе)   **г.** Это письмо простое (то письмо)   **д.** Щи вкусные (солянка)   **е.** Эта комната чистая (та комната)   **ж.** Эта машина дорогая (моя машина)   **з.** Этот журнал старый (тот журнал)   **и.** Наша учительница строгая (учительница Оли)

2.
> Вернер высокий. — А Борис ещё выше (более высокий).
> Нина красивая. — А Татьяна ещё красивее (более красивая).

Используйте примеры из упражнения 1.

3.
> Вернер высокий. — А Борис выше Вернера (, чем Вернер).
> Нина красивая. — А Татьяна красивее Нины (, чем Нина).

Используйте примеры из упражнения 1.

4.
> Иван читает много. — А я читаю больше него (, чем он).
> Вера ходит часто в кино. — А я хожу в кино чаще неё (, чем она).

а. Иван приходит поздно. **б.** Татьяна работает много. **в.** Иван играет хорошо. **г.** Борис говорит ясно. **д.** Андрей пишет просто. **е.** Людмила говорит плохо по-немецки. **ж.** Галя пишет медленно. **з.** Машина Ивана стоит дорого. **и.** Начальник говорит громко. **к.** Я поеду далеко. **л.** Соня поёт тихо. **м.** Иван отсутствовал долго.

5.
> Я работаю медленно. — А я работаю гораздо медленнее.
> Я живу в высоком доме. — А я живу в более высоком доме.

а. У меня разнообразная жизнь. **б.** У нас прекрасный вид на город. **в.** Виктор Иванович работает довольно осторожно. **г.** Вы стоите на опасном месте. **д.** У меня на экзамене были лёгкие вопросы. **е.** Я говорю чисто по-русски. **ж.** В нашей новой квартире тихо. **з.** Наша гостиница совсем близко. **и.** Мы живём на узкой улице. **к.** Наше здание высокое. **л.** Учитель задал мне трудные вопросы. **м.** У нас маленькая квартира.

*6. Сравните.

> **Машина — поезд — самолёт**
> Самолёт быстрее, чем поезд или машина (или: быстрее поезда или машины).
> Машина может ехать так же быстро, как и поезд.
> Машина едет менее быстро, чем поезд.
> Поезд едет быстрее машины. Но есть машины, которые едут быстрее поезда.

а. ужинать дома — ужинать в столовой — ужинать в ресторане — ничего не есть **б.** Каир — Москва — Рим — Мюнхен — Берлин — Кассель **в.** «Шпигель» — «Бригитте» — «Браво» **г.** рубашка — свитер — пальто **д.** март — июль — октябрь —

январь   е. детские передачи — детективы — фильмы о животных — художественные фильмы — спортивные передачи — политические передачи — последние известия   ж. Везер — Рона — Волга — Рейн — Мозель

*7.
> Хорошо, что завтра будет хорошая погода. — А ещё лучше, что завтра мы не будем работать.
> Опасно молчать. — А ещё опаснее говорить глупости.

а. Плохо, что ты не ходил(а) на тренировку.   **б.** Интересно, что на поезде можно доехать до Тихого океана.   **в.** Глупо проехать свою остановку.   **г.** Трудно говорить по-немецки.   **д.** Тёплое пальто стоит дорого.   **е.** Опасно быть милиционером.

*8. **Они все недовольны.**

> Наш город очень маленький. — Мне хотелось бы жить в более крупном городе.
> У меня нехороший голос. — Мне хотелось бы иметь лучший голос.

а. Наша дача далеко. Нам нужно ехать на электричке более часа.   **б.** Я хожу на тренировки четыре раза в неделю.   **в.** Наш дом слишком большой.   **г.** Наш почтальон приходит очень поздно.   **д.** Наш начальник не очень симпатичный.   **е.** Здесь часто холодно.   **ж.** У меня мало времени, чтобы развлекаться.   **з.** У нас только один ребёнок.

*9.
> Я люблю старые деревянные дома. — Я тоже считаю, что у старых деревянных домов есть своя прелесть, но я предпочитаю новые дома, так как в них больше удобств.
> — Но зато потолки в старых деревянных домах выше и места больше.
> — ...

а. жизнь в сельской местности (в деревне)   **б.** ходить в цирк   **в.** ходить за грибами и за ягодами   **г.** ездить за город   **д.** брать отпуск зимой   **е.** галстуки   **ж.** футбол   **з.** писать письма

10.
> Я отправил все письма. — И письмо Виктора тоже?
> Я помог всем студентам. — И Сергею тоже?

а. Я игра́л(а) со все́ми детьми́.   **б.** Я купи́л(а) биле́ты для всех ученико́в.   **в.** Мы подари́ли сувени́ры всем колле́гам.   **г.** У всех тури́стов есть су́мки.   **д.** Мы привезли́ все чемода́ны.   **е.** На всех мужчи́нах костю́мы.

11. Я отпра́вил письмо́ Серге́я. — И все остальны́е то́же отпра́вил.

Испо́льзуйте приме́ры из упражне́ния 10.

*12. О чём мне ещё рассказа́ть? — Расскажи́те о том, о чём вы ещё не расска́зывали.
Что мне ещё купи́ть? — Купи́те то, чего́ у вас ещё нет.

а. Что мне ещё ей подари́ть?   **б.** С кем мне ещё познако́миться?   **в.** Что мне ещё попроси́ть?   **г.** О чём мне ещё написа́ть?   **д.** Что мне ещё изуча́ть?   **е.** Чего́ мне ещё жела́ть?   **ж.** Над чем мне ещё рабо́тать?

13.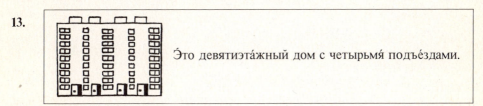
Э́то девятиэта́жный дом с четырьмя́ подъе́здами.

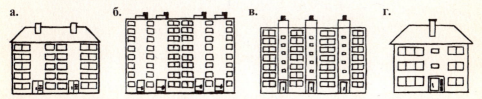

а.   **б.**   **в.**   **г.**

14. Ей 13 лет. — Э́то тринадцатиле́тняя де́вочка.
Ему́ 30 лет. — Э́то тридцатиле́тний мужчи́на.

а. 9 (♀)   **б.** 25 (♂)   **в.** 17 (♀)   **г.** 3 (♀)   **д.** 32 (♂)

*15. | Приготóвьте, пожáлуйста, борщ. — К сожалéнию, у меня́ нет мя́са, а без мя́са борщ не приготóвишь.
Отопи́те, пожáлуйста, кóмнату. — К сожалéнию, у меня́ нет угля́, а без угля́ печь не истóпишь.

а. написáть спи́сок **б.** заплати́ть за нóмер **в.** откры́ть зал **г.** привезти́ стол

16. | У Бори́са Ви́кторовича сегóдня день рождéния. — Поздравля́ю вас с днём рождéния.
Сегóдня Пéрвое мáя. — Поздравля́ю вас с Пéрвым мáя.
Ю́рия Андрéевича повы́сили в дóлжности. — Поздравля́ю вас с повышéнием в дóлжности.

а. Сóня сдалá экзáмен. **б.** У Ни́ны Ивáновны былá свáдьба. **в.** Сегóдня международный жéнский день (8 мáрта). **г.** У Бори́са Ви́кторовича был большóй успéх. **д.** Дéвушку при́няли в институ́т. **е.** Начался́ Нóвый год. **ж.** Петрóвы переéхали на нóвую кварти́ру.

*17. | Э́та кни́га настóлько интерéсна, что я читáю её днём и нóчью.
— ..., что я не могу́ перестáть читáть.
— ..., что все прóсят меня́ дать (им) почитáть её.
— ..., что я забывáю обо всём.

а. Спи́сок был настóлько дли́нным, ... **б.** Кóфе был настóлько крéпким, ... **в.** В зáле бы́ло настóлько мнóго нарóда, ... **г.** Вид был настóлько краси́вым, ... **д.** Музéй настóлько интерéсный, ... **е.** Трениро́вки по худóжественной гимнáстике отнимáют настóлько мнóго врéмени, ... **ж.** Гóлос у негó настóлько хорóший, ... **з.** В зáле бы́ло настóлько темнó, ... **и.** Онá былá настóлько си́льной, ...

*18. | Здесь нет ножá. — Сходи́, пожáлуйста, за ножóм в ку́хню.
Мы прочитáли все кни́ги. — Сходи́, пожáлуйста, за кни́гами в библиотéку.

а. У нас нет билéтов в теáтр. **б.** У нас нет бóльше почтóвых мáрок. **в.** У нас нет бóльше молокá. **г.** Нам хотéлось бы поéсть грибóв на у́жин. **д.** Нáши ру́чки не пи́шут. **е.** Ми́ша ещё в дéтском саду́. **ж.** Я забы́л зайти́ в банк. А у меня́ не остáлось дéнег. **з.** На ры́нке есть краси́вые я́блоки.

*19. Отве́тьте на вопро́сы.

а. Где живёт ва́ша ба́бушка? **б.** Вы уже́ переезжа́ли? **в.** Е́сли да, то ско́лько раз и куда́ (в каки́е кварти́ры, ко́мнаты, дома́)? **г.** В како́й кварти́ре (ко́мнате) вы тепе́рь живёте? **д.** Из ва́шей кварти́ры слы́шен городско́й шум? **е.** Како́й э́то дом? **ж.** Кому́ он принадлежи́т? Э́то ваш со́бственный дом? **з.** У вас есть балко́н? **и.** У вас есть лифт? **к.** Каки́е у вас ко́мнаты? **л.** У вас краси́вый вид из кварти́ры? **м.** У вас есть все удо́бства: канализа́ция, горя́чая вода́, центра́льное отопле́ние? **н.** Наве́рное, вы уже́ ви́дели фотогра́фии (сни́мки) деревя́нных домо́в и но́вых домо́в городско́го ти́па. Како́й тип вам бо́льше нра́вится? **о.** Счита́ете ли вы, что у вас доста́точно высо́кие потолки́? **п.** Счита́ете ли вы, что у вас доста́точно ме́ста? **р.** Вам хоте́лось бы име́ть ма́ленький сад? **с.** Что́бы вы́ехать за́ город, ско́лько вре́мени вам ну́жно? **т.** Вы хо́дите (е́здите) за граба́ми и за я́годами? **у.** Вам бо́льше хо́чется жить в го́роде и́ли в дере́вне? **ф.** Почему́? **х.** Вы могли́ бы привы́кнуть к го́роду (дере́вне)? **ц.** Вам нра́вится жить там, где вы живёте, и́ли вам надое́ло там жить?

*20. Отве́тьте на вопро́сы.

а. У вас доста́точно вре́мени, что́бы развлека́ться? **б.** Вы дово́льны возмо́жностями для развлече́ний, кото́рые у вас есть? **в.** Вы согла́сны с тем, что говоря́т Ва́ля и её ба́бушка о жи́зни в го́роде и дере́вне? **г.** Вам задава́ли (задаю́т) мно́го уро́ков? **д.** Вы занима́етесь в како́м-нибудь кружке́? **е.** Чем вам хоте́лось бы занима́ться, но вы не занима́етесь, потому́ что э́то у вас отнима́ло бы сли́шком мно́го вре́мени? **ж.** На ваш взгляд, у вас хоро́ший го́лос? **з.** Вам нра́вилось бы занима́ться в хорово́м кружке́?

5A

СПРАВКИ

ТЕЛЕВИДЕНИЕ

6 июля

ПЕРВАЯ ПРОГРАММА. 8.00 — Время. 8.40 — Гимнастика. 9.05 — «Мелодии Верийского квартала». Художественный фильм. 10.40 — Документальные телефильмы. 11.20. 14.30 — Новости. 14.50 — К 20-летию Договора о дружбе, сотрудничестве и взаимной помощи между СССР и Корейской Народно-Демократической Республикой. Кинопрограмма. 15.20 — Ф. Шуберт — Фортепьянное трио си-бемоль мажор. 15.55 — «Телестадион». 16.30 — Выступление воспитанников детской музыкальной школы № 3 г. Москвы. 16.45 — Наш сад. 17.15 — Адреса молодых. 18.15 — Решения XXVI съезда КПСС — в жизнь! Бригадный подряд и проблемы управления. 18.45 — Сегодня в мире. 19.00 — Народные мелодии. 19.15 — «Смерть Пазухина». Фильм-спектакль. 21.00 — Время. 21.35 — Международный турнир по боксу. 22.35 — Сегодня в мире.

ВТОРАЯ ПРОГРАММА. 19.00 — Москва. 19.30 — Поэзия. С. Щипачев. 20.00 — Справочное бюро. 20.15 — «Спокойной ночи, малыши!» 20.30 — Школа передового опыта животноводов Подмосковья. 21.00 — Концерт симфонического оркестра. 21.45 — Московские новости. 22.00 — Поет Л. Чкония.

ЧЕТВЁРТАЯ ПРОГРАММА. 8.00 — Время. 8.45 — Мультфильмы. 9.10 — М. Твен «Приключения Тома Сойера». 9.55 — Будильник. 10.25 — «Дивертисмент». Фильм-концерт. 11.20 — «Рассказы о Кешке и его друзьях». Художественный телефильм. 1-я серия. 12.30 — Фильм-концерт о творчестве М. И. Глинки. 13.35 — Документальные телефильмы. 14.15 — Песни Ю. Чичкова. 15.20 — Футбольное обозрение. 19.00 — Служу Советскому Союзу! 20.00 — «Спокойной ночи, малыши!» 20.15 — Чемпионат СССР по дзюдо. 20.40 — Чемпионат спортсменов социалистических стран по парашютному спорту. 21.00 — Время. 21.35 — «Засада». Художественный фильм.

РАДИО

6 июля

ПЕРВАЯ ПРОГРАММА. «Последние известия» — 5.00, 6.00, 8.00, 10.00, 12.01, 15.00, 17.00, 19.00, 22.00, 23.50. Радиожурнал «Земля и люди» — 6.40. По страницам газеты «Правда» — 7.00 и 9.00.
9.15 — С. Дангулов «Мировое значение советской литературы». 9.45 — Песни советских композиторов. 10.15 — Радиомалышам. 10.44 — А. П. Чехов «Каштанка». Рассказ. 11.15 А. Глазунов — Симфония № 8. 12.01 — «Время, события, люди». 12.30 — В рабочий полдень. 13.00 — А. М. Горький. Из воспоминаний В. И. Качалова. 13.38 — Мелодии А. Флярковского. 14.00 — «Голоса друзей». Передачи из социалисти-

Голубые диалоги

В телестудии нас было трое: доярка, спортсменка и я. На голубом экране шла передача о женщинах разных профессий. Ведущий приступил к беседе с дояркой.

В. — Товарищ доярка. Наши телезрители интересуются: вы доите колхозных коров?

Д. — Да, колхозных коров.

В. — Ну, и как удаётся вам доить колхозных коров?

Д. — Доить колхозных коров мне удаётся хорошо.

В. — А теперь я попрошу вас ответить на такой вопрос телезрителей: сколько молока от одной коровы вы надоили в этом году?

Д. — В этом году я надоила четыре тысячи двести килограммов.

В. — А сколько молока вы надоили в прошлом году?

Д. — В прошлом году я надоила три тысячи восемьсот килограммов.

В. — Тем самым вы хотите сказать, что в прошлом году надоили на четыреста меньше.

Д. — Да, на четыреста меньше.

В. — Спасибо. Ну и ещё один вопрос телезрителей: сколько молока вы собираетесь надоить в следующем году?

Д. — В следующем году́ я собира́юсь надои́ть четы́ре ты́сячи пятьсо́т килогра́ммов.
В. — Тем са́мым вы хоти́те сказа́ть, что в бу́дущем году́ надо́ите на три́ста килогра́ммов бо́льше, чем в э́том, и на семьсо́т килогра́ммов бо́льше, чем в про́шлом?
Д. — Да, ро́вно на сто́лько.

В. — А тепе́рь обрати́мся к на́шей рекордсме́нке по прыжка́м в высоту́. Телезри́тели интересу́ются: вы пры́гаете в высоту́?
Р. — Да, в высоту́.
В. — Ну, и как удаётся вам пры́гать в высоту́?
Р. — Пры́гать в высоту́ мне удаётся хорошо́.
В. — На ско́лько вы пры́гнули в э́том году́?
Р. — В э́том году́ я пры́гнула на метр девяно́сто сантиме́тров.
В. — А на ско́лько вы пры́гнули в про́шлом?
Р. — В про́шлом я пры́гнула на метр во́семьдесят шесть сантиме́тров.
В. — Тем са́мым вы хоти́те сказа́ть, что в про́шлом году́ вы пры́гнули на четы́ре сантиме́тра ни́же, чем в э́том.
Р. — Да, на четы́ре.
В. — Спаси́бо. И после́дний вопро́с телезри́телей: на ско́лько вы собира́етесь пры́гнуть в сле́дующем году́?
Р. — На метр девяно́сто де́вять сантиме́тров.
В. — Тем са́мым вы хоти́те сказа́ть, что в сле́дующем году́ пры́гнете на де́вять сантиме́тров вы́ше, чем в э́том, и на трина́дцать сантиме́тров вы́ше, чем в про́шлом.
Р. — Ддд ... да.

Бо́льше я не слу́шала: приближа́лась моя́ о́чередь ... И вдруг я услы́шала после́днее сло́во из фра́зы веду́щего:

В. — ... удаётся?
П. — Превосхо́дно. Так что в э́том году́ три́дцать во́семь с полови́ной расска́зов.
В. — Ну, а в про́шлом году́?
П. — Ну, а в про́шлом году́ два и одну́ седьму́ю.
В. — Э́то приме́рно в девятна́дцать раз ме́ньше, чем в э́том году́. А ...
П. — А в сле́дующем году́ де́вять ты́сяч семна́дцать.
В. — Ско́лько? — переспроси́л он. — Э́то уже́ гора́здо бо́льше.

41

П. — Всего девяносто миллионов двести семьдесят тысяч сто тридцать и одна тринадцатая. Итак, попробуем найти общий знаменатель для одной второй, одной седьмой и одной тринадцатой ...
....

В. — Дорогие телезрители, благодарим вас за внимание. Наша передача окончена. В следующую пятницу вы сможете увидеть передачу о мужчинах разных профессий. Мы пригласили к нам тракториста, токаря, пастуха и композитора.

СРЕДНИЙ ГОДОВОЙ УДОЙ МОЛОКА ОТ ОДНОЙ КОРОВЫ (килограммов)						
	1913	1940	1965	1970	1975	1976
Во всех категориях хозяйств	982	1 185	1 853	2 110	2 204	2 161
В колхозах, совхозах и других государственных хозяйствах	—	1 190	2 002	2 312	2 367	2 296
В колхозах	—	1 017	1 906	2 266	2 365	2 294
В совхозах	—	1 803	2 121	2 346	2 330	2 270

5В

1. Akkusativ Mehrzahl belebt = Genitiv Mehrzahl (Substantive und Adjektive)

Где мои ключи? — К сожалению, мы не нашли **ваши ключи**.
Где мои дети? — К сожалению, мы не нашли **ваших (твоих) детей**.

2. Bruchzahlen — Zweizahl der Adjektive = Genitiv Mehrzahl

$1/2$	одна вторая (часть), половина
$1/3$	одна третья (часть), треть *(w)*
$1/4$	одна четвёртая (часть), четверть *(w)*
$1/5$	одна пятая (часть)
$2/5$	две пятых (части)
$2\,6/10$	два и шесть десятых

3. Grundzahlen 100 — 1 000 000 im Nominativ

100	сто	1000	ты́сяча
200	две́сти	2000	две ⎫
300	три́ста	3000	три ⎬ ты́сячи
400	четы́реста	4000	четы́ре ⎭
500	пятьсо́т	5000	пять ⎫
600	шестьсо́т	6000	шесть ⎬ ты́сяч
… …		1 000 000	миллио́н

4. Vergleiche mit Zahlen

100 р. — 200 р.	Э́то на сто рубле́й бо́льше.
	Э́то в два ра́за бо́льше.
300 р. — 100 р.	Э́то на две́сти рубле́й ме́ньше.
	Э́то в три ра́за ме́ньше.
Мне ну́жно 10 р., а у меня́ есть то́лько 8 р.	Э́то на два рубля́ ме́ньше.
	Э́то четы́ре пя́тых ну́жной су́ммы.

5. Sammelzahlwörter

Нас бы́ло **дво́е (тро́е, че́тверо)**. — *Wir waren zu zweit (dritt, …)*

Их бы́ло **пя́теро (ше́стеро, се́меро, во́сьмеро)**. — *Sie waren zu fünft (…)*

Nach den Sammelzahlwörtern wird nur der *G Mz* benutzt, also auch bei *2, 3, 4*. Deswegen werden дво́е, тро́е, че́тверо bei Wörtern angewandt, die nur in der Mehrzahl auftreten:

дво́е, тро́е, че́тверо … ⎫
пять, шесть … ⎬ дете́й, часо́в, брюк

6. Passiv der vollendeten Verben (Vergangenheit und Zukunft), Kurzform der passiven Partizipien der Vorzeitigkeit

a) -e- und -и-Verben auf **-ать, -ять: -ан, -ана, -ано, -аны (-ян, ...)**

Вы ужé записáли фамúлии и адресá? — Да, ужé всё запúс**ано**.
Вы прóдали телевúзор? — Да, он ужé давнó прó**дан**.
Вы прóдали машúну? — Нет, онá ещё не прó**дана**.
Вы должнý убрáть номерá. — Номерá **бýдут ýбраны**.

Diese Partizipien werden vom Stamm des Infinitivs und der Vergangenheit gebildet: услы́ша — ть, услы́ша — **н(а/о/ы)**.
Stammbetonte Verben behalten ihre Betonung: сдéлать, **сдéлан (а/о/ы)**.
Im Infinitiv endbetonte Verben verschieben die Betonung um eine Silbe zum Wortanfang hin: написáть, **напúсан(а/о/ы)**.

b) Die übrigen Verben: **-ен, -ена, -ено, -ены**

— Verben auf -е-: принестú   — **принесён, -енá, -енó, -ены́**
                   привезтú   — **привезён, -енá, -енó, -ены́**
— Verben auf -и-: положúть   — **полóжен, -ена, -ено, -ены**
                   решúть   — **решён, -енá, -енó, -ены́**
                   вы́полнить   — **вы́полнен, -ена, -ено, -ены**
                   пострóить   — **пострóен, -ена, -ено, -ены**

Bei den Verben auf -и- treten Konsonantenwechsel ein (s. *1. P. Ez. Geg./Zuk.*): б → бл
в → вл   м → мл   п → пл   д → ж oder жд   з → ж   к → ч   с → ш   ст → щ
т → ч oder щ:

отпрáвить   — отпрáвлен, -ена, ...
купúть   — кýплен, -ена, ...
разбудúть   — разбýжен, -ена, ...
приглáсúть   — приглашён, -енá, ...
замéтить   — замéчен, -ена, ...
опустúть   — опýщен, -ена, ...

Diese Partizipien werden vom Stamm der Zukunft (der vollendeten Verben) und des Imperativs gebildet: провестú, проведý, проведёшь — **проведён(á/ó/ы́)**; найтú, найдý, найдёшь — **нáйден(а/о/ы)**.

Stammbetonte Verben behalten ihre Betonung: постро́ю, постро́ишь — **постро́ен(а/о/ы)**.
Verben mit Endbetonung in der ich-Form und Stammbetonung in den übrigen Formen der Zukunft werden meist auf der Stammsilbe betont: куплю́, ку́пишь — **ку́плен(а/о/ы)**.
Endbetonte Verben behalten meist die Endbetonung, wobei die w, s und Mz-Form auf dem Endvokal betont werden: решу́, реши́шь — **решён(а́/о́/ы́)**.

c) Besonderheiten

съесть — **съе́ден, -ена**

statt -н- -т-: взять — **взят, -ята́, -я́то, -я́ты**

Alle Verben auf -ыть:
забы́ть **забы́т, -ы́та, …**
закры́ть ⎫
накры́ть ⎬ **-кры́т, -ы́та, …**
откры́ть ⎭
помы́ть **помы́т, -ы́та, …**

Einige Verben auf -еть:
наде́ть ⎫
заде́ть ⎬ **-де́т, -е́та, …**
разогре́ть **разогре́т, -е́та, …**

Sonstige Verben:
вы́пить **вы́пит, -ита, …**
поня́ть ⎫
приня́ть ⎬ **-нят, -нята́, …**
отня́ть ⎭

5C 1. Как ва́ши де́ти? — Я не могу́ предста́вить себе́ ва́ших дете́й.
Како́й ваш го́род? — Я не могу́ предста́вить себе́ ваш го́род.

а. ба́бушка **б.** оте́ц **в.** план **г.** това́рищи **д.** кварти́ра **е.** роди́тели **ж.** карти́ны **з.** де́душка **и.** трениро́вки **к.** бра́тья **л.** сын **м.** знако́мые **н.** клуб **о.** друзья́ **п.** сыновья́

2. Прочита́йте сле́дующие чи́сла:

а. $2\frac{1}{4}$ **б.** $4\frac{1}{5}$ **в.** $7\frac{1}{7}$ **г.** $5\frac{5}{6}$ **д.** $1\frac{1}{3}$ **е.** $8\frac{1}{2}$ **ж.** $9\frac{2}{5}$ **з.** $11\frac{2}{5}$ **и.** $4\frac{4}{7}$ **к.** $3\frac{7}{8}$

3. Найди́те о́бщий знамена́тель для одно́й второ́й и одно́й седьмо́й. — Э́то одна́ четы́рнадцатая.

а. $\frac{1}{3}, \frac{1}{5}$ **б.** $\frac{1}{4}, \frac{1}{6}$ **в.** $\frac{1}{2}, \frac{1}{9}$ **г.** $\frac{1}{5}, \frac{1}{4}$ **д.** $\frac{1}{3}, \frac{1}{2}$ **е.** $\frac{1}{6}, \frac{1}{5}$ **ж.** $\frac{1}{7}, \frac{1}{4}$ **з.** $\frac{1}{8}, \frac{1}{6}$

4. В про́шлом году́ я зарабо́тал(а) ты́сячу пятьсо́т рубле́й, а в э́том году́ — ты́сячу шестьсо́т рубле́й. — Э́то на сто рубле́й бо́льше, чем в про́шлом году́.

В про́шлом ме́сяце я зарабо́тал(а) две ты́сячи девятьсо́т ма́рок, а в э́том ме́сяце — две ты́сячи семьсо́т. — Э́то на две́сти ма́рок ме́ньше, чем в про́шлом ме́сяце.

а. год/2000—2300 р. **б.** ме́сяц/200—150 р. **в.** неде́ля/700—900 дм **г.** год/4200—4100 дм **д.** год/1800—2200 р. **е.** год/44000—47000 дм **ж.** год/30000—35000 дм **з.** год/1900—2500 р. **и.** ме́сяц/3000—2800 дм **к.** год/2100—2600 р. **л.** год/42000—50000 дм

*5. Ско́лько у вас получа́ет (зараба́тывает) то́карь? — То́карь у нас получа́ет (зараба́тывает) приме́рно две ты́сячи шестьсо́т ма́рок в ме́сяц. — Нет, бо́льше. Приме́рно ...
— Нет, ме́ньше, приме́рно ...
— Тру́дно сказа́ть. Смотря́ ско́лько ему́ лет, ско́лько лет он уже́ прорабо́тал.

а. официа́нт(ка) **б.** секрета́рь-машини́стка **в.** дире́ктор сре́дней шко́лы **г.** инже-

нéр д. врач е. чертёжник(-ница) ж. профéссор з. милиционéр и. учи́-
тель(-ница) к. лётчик л. продавéц(-вщи́ца)

Éсли хоти́те сравни́ть зарпла́ту, на́до учéсть нало́ги, расхо́ды на тра́нспорт, квартпла́ту, телефо́н, элек-
три́чество, отоплéние (газ, у́голь, нефть), страхова́ние, о́тпуск, члéнские взно́сы и т.д.

6. Вы́берите пра́вильный вариа́нт.

I. Высота́ Цу́гшпитце примéрно **а)** 2700 м **б)** 3200 м **в)** 3000 м **г)** 2500 м
II. ... Бро́ккена **а)** 900 м **б)** 1100 м **в)** 1300 м **г)** 1500 м
III. ... Гросгло́кнера **а)** 3100 м **б)** 3400 м **в)** 4000 м **г)** 3800 м
IV. ... Фéльдберга **а)** 1500 м **б)** 1200 м **в)** 1600 м **г)** 1800 м
V. ... Эльбру́са **а)** 4700 м **б)** 4900 м **в)** 4400 м **г)** 5600 м
VI. ... Мо́нте-Ро́за **а)** 4200 м **б)** 4600 м **в)** 4000 м **г)** 4800 м
VII. ... Пи́ка Коммуни́зма **а)** 7500 м **б)** 7100 м **в)** 6900 м **г)** 7800 м

*7. Зада́йте вопро́сы по образцу́.
«**На ско́лько пры́гнул рекордсмéн ва́шей страны́ по прыжка́м в высоту́?**»
Постара́йтесь отвéтить.

	рекордсмéн	ва́шей страны́		в высоту́
На ско́лько пры́гнул(а)	рекордсмéнка	Евро́пы	по прыжка́м	?
	чемпио́н(ка)	ми́ра		в длину́

8. Вы́берите пра́вильный вариа́нт

I. В Ленингра́де живёт примéрно **а)** 3 000 000 **б)** 2 500 000 **в)** 3 500 000 **г)** 4 000 000 **д)** 4 300 000 человéк.
II. В Кёльне примéрно **а)** 800 000 **б)** 1 400 000 **в)** 1 000 000 **г)** 1 700 000 жи́телей.
III. В Москвé живёт примéрно **а)** 8 000 000 **б)** 7 500 000 **в)** 6 500 000 **г)** 7 000 000 человéк.
IV. В За́льцбурге примéрно **а)** 50 000 **б)** 150 000 **в)** 200 000 **г)** 250 000 жи́телей.
V. В Ирку́тске живёт примéрно **а)** 200 000 **б)** 350 000 **в)** 450 000 **г)** 550 000 человéк.

*9. Задайте вопросы по образцу: «Сколько километров от Мюнхена до Гамбурга?» Постарайтесь ответить как можно точнее.

10.
> Я должен(жна) заплатить сто рублей, а заплатил(а) всего пятьдесят рублей. — Это же в два раза меньше.
>
> Я должен(жна) получить двадцать рублей, а получил(а) сорок рублей. — Это же в два раза больше.
>
> Я должен(жна) был(а) заплатить 30 рублей, а заплатил(а) 29 рублей. — Это же чуть меньше.
>
> Я заплатил(а) 50 рублей, а должен был (должна была) заплатить всего 30 рублей. — Это же намного (гораздо) больше.

а. 10—20 р. **б.** 100—150 р. **в.** 32—16 р. **г.** 40—120 р. **д.** 50—48 р. **е.** 100–20 р. **ж.** 80—90 р. **з.** 70—35 р. **и.** 200—400 р. **к.** 99—100 р. **л.** 48—42 р.

11.
> Мне помогли два мальчика. — Значит вас было трое.
> У него было шесть рабочих. — Значит их было семеро.

а. Мне помогали Соня и Олег. **б.** У меня был Виктор Романович. **в.** Ей помогали писать реферат три студента. **г.** Профессору помогали пять медицинских сестёр. **д.** У меня было шесть человек гостей. **е.** Ему помогали семь лаборанток. **ж.** У нас с женой четверо детей.

12.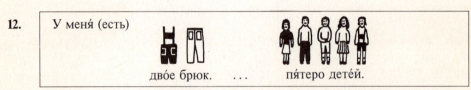

13.
> Стол есть. — Он был принесён Вéрнером.
> У нас нóвая картúна. — Онá былá кýплена Óльгой.

а. грибы́ **б.** журнáл **в.** варéнье **г.** пластúнка **д.** печéнье **е.** конвéрт **ж.** фотоаппарáт **з.** я́блоки **и.** лáмпочка

14.
> Вы́ставка откры́та. — Кем онá былá откры́та?
> Чертёж вы́полнен. — Кем он был вы́полнен?

а. Пúсьма перепýтаны. **б.** Письмó отпрáвлено. **в.** Предложéние прúнято. **г.** Машúна прóдана. **д.** Дирéктор приглашён. **е.** Посýда помы́та. **ж.** Стол накры́т. **з.** Местá закáзаны.

15.
> Закажúте, пожáлуйста, напúтки. — Онú ужé закáзаны.
> Подготóвьте доклáд. — Он ужé подготóвлен.

а. принестú стýлья **б.** постáвить буты́лку в холодúльник **в.** вы́пить кефúр **г.** состáвить вопрóсы к тéксту **д.** отпрáвить заказнóе письмó **е.** приня́ть предложéние **ж.** записáть áдрес **з.** продáть машúну **и.** опустúть монéту **к.** повéсить картúну **л.** найтú ключ

*16.
> Вы пришлú вóвремя. — (Я) благодарю́ вас за пунктуáльность.
> Вы óчень хорошó решúли вопрóс. — (Я) благодарю́ вас за то, что вы так хорошó решúли вопрóс.

а. Обéд был óчень вкýсным. **б.** Вы пригласúли нас на хорóший спектáкль. **в.** У вас бы́ло óчень прия́тно: мы танцевáли, разговáривали с симпатúчными и интерéсными людьмú. **г.** Вы любéзно отвéтили на все вопрóсы. **д.** Вы нас óчень хорошó прúняли.

17.
> Я был(á) в Ленингрáде прóшлой óсенью. — А я бýду в Ленингрáде слéдующей óсенью.
> Я бýду в Кёльне на слéдующей недéле. — А я был(á) в Кёльне на прóшлой недéле.

а. на слéдующей недéле **б.** в прóшлом годý **в.** в октябрé слéдующего гóда **г.** прóшлым лéтом **д.** прóшлой веснóй **е.** в прóшлом апрéле **ж.** слéдующей зимо́й   з. в про́шлом декабре́   и. в сле́дующем ме́сяце   к. о́сенью сле́дующего го́да

*18.
> Вы уже́ про́бовали привы́кнуть к чужо́й стране́? — Да, но мне не удало́сь. Наве́рно, на́до бы́ло оста́ться там ещё до́льше.
> — Нет, не про́бовал(а). Я был(а́) за грани́цей то́лько коро́ткое вре́мя. Но мне ка́жется, что я мог(ла́) бы привы́кнуть к чужо́й стране́.
> — Да. И мне удало́сь. Но э́то была́ европе́йская страна́. Я не зна́ю, смогу́ ли я привы́кнуть к други́м стра́нам.
> — А вы?

а. бро́сить кури́ть   **б.** научи́ться игра́ть на фортепья́но (скри́пке, гита́ре)   **в.** доста́ть биле́т на премье́ру   **г.** привы́кнуть к дере́вне (го́роду)   **д.** найти́ такси́ пе́рвого января́

*19. Отве́тьте на вопро́сы.

а. В чём заключа́ется кри́тика в сати́ре «Голубы́е диало́ги»?   **б.** Вы уже́ слу́шали (ви́дели) таки́е переда́чи? Расскажи́те.

6А

В общеобразовательной школе № 355

Делегация западногерманских учителей прибыла в Советский Союз. В программе было предусмотрено посещение одной из городских общеобразовательных школ. Побывав на нескольких уроках, немецкие и советские коллеги собрались в учительской, чтобы поговорить. Между ними состоялся такой разговор.
— В каком возрасте дети поступают в школу?
— В семь лет.
— Мы видели, что ваши школьники носят форму. Они обязаны носить форму?
— Да.
— Сколько времени длится обучение в общеобразовательной школе?
— Обычно десять лет. В некоторых союзных республиках одиннадцать лет. Но ученики также могут сдать выпускные экзамены после восьмого класса. Тогда, имея неполное среднее образование, они получают возможность поступить в среднее специальное учебное заведение. Например, в ПТУ, техникум, торговое, педагогическое, музыкальное и прочие училища.

Наименование предметов	Число часов в неделю по классам									
	1	2	3	4	5	6	7	8	9	10
Русский язык	12	10	10	6	6	4	3	2	—	—
Литература	—	—	—	2	2	2	2	3	4	3
Математика	6	6	6	6	6	6	6	6	5	5
История	—	—	—	2	2	2	2	3	4	3
Обществоведение	—	—	—	—	—	—	—	—	—	2
Природоведение	—	2	2	2	—	—	—	—	—	—
География	—	—	—	—	2	3	2	2	2	—
Биология	—	—	—	—	2	2	2	2	1	2
Физика	—	—	—	—	—	2	2	3	4	5
Астрономия	—	—	—	—	—	—	—	—	—	1
Черчение	—	—	—	—	—	—	1	1	—	—
Иностранный язык	—	—	—	4	3	3	3	2	2	2
Химия	—	—	—	—	—	—	2	2	3	3
Основы советского государства и права	—	—	—	—	—	—	—	1	—	—
Изобразительное искусство	1	1	1	1	1	1	—	—	—	—
Пение и музыка	1	1	1	1	1	1	1	—	—	—
Физкультура	2	2	2	2	2	2	2	2	2	2
Трудовое обучение	2	2	2	2	2	2	2	2	2	2
Всего обязательных уроков	24	24	24	24	30	30	30	31	30	30
Факультативных занятий	—	—	—	—	—	—	2	4	6	6
ИТОГО	24	24	24	24	30	30	32	35	36	36

— Мы прису́тствовали сего́дня на уро́ке фи́зики. С како́го кла́сса начина́ется у вас преподава́ние э́того предме́та?
— Фи́зику де́ти начина́ют учи́ть у нас с 6 кла́сса.
— А как де́ло обстои́т с други́ми общеобразова́тельными предме́тами?
— Ну, наприме́р, исто́рию и литерату́ру шко́льники начина́ют изуча́ть с 4 кла́сса, биоло́гию и геогра́фию — с 5 кла́сса, хи́мию — с 7, осно́вы госуда́рства и пра́ва — с 8, обществове́дение — в 10 кла́ссе.
— А каки́е иностра́нные языки́ преподаю́тся у вас в шко́ле?
— Как и в большинстве́ други́х школ, на́ши ученики́ с 4 кла́сса выбира́ют оди́н из трёх совреме́нных языко́в: англи́йский, неме́цкий и́ли францу́зский. Причём наибо́лее распространённым явля́ется сейча́с англи́йский. В сою́зных респу́бликах пе́рвый неродно́й язы́к — ру́сский. Мо́жно ещё доба́вить, что существу́ют шко́лы с преподава́нием ря́да предме́тов на иностра́нном языке́, где изуче́ние языка́ начина́ется с 1 ли́бо со 2 кла́сса.
— А как с есте́ственными нау́ками?
— Вы име́ете в виду́ шко́лы с фи́зико-математи́ческим укло́ном?
Да, есть у нас отде́льные таки́е шко́лы, где основно́е внима́ние уделя́ется преподава́нию э́тих предме́тов.
— А что вы де́лаете с отстаю́щими ученика́ми? У вас кто́-нибудь остаётся на второ́й год?
— Отстаю́щим обы́чно помога́ют бо́лее си́льные ученики́. Они́ занима́ются вдвоём или втроём, гото́вя дома́шние зада́ния, повторя́я про́йденный материа́л. Кро́ме того́, для отстаю́щих устра́иваются в шко́ле дополни́тельные заня́тия.
— Хорошо́. А е́сли ученики́ всё равно́ — по боле́зни и́ли из-за ле́ни — не усво́или годово́й материа́л по како́му-либо предме́ту. Что тогда́? Каки́е ме́ры вы принима́ете?
— Е́сли учени́к в конце́ го́да получа́ет дво́йку по одному́ и́ли не́скольким предме́-

там, то тогда его, как говорится, оставляют на осень. Это значит, что он во время летних каникул должен подготовиться к сдаче своего рода экзамена по этим предметам. При таких условиях редко кто остаётся на второй год ... У вас ещё есть вопросы насчёт школьного образования в СССР?
— Пока нет.
— Не могли бы вы ответить нам на некоторые вопросы о системе школьного образования в вашей стране вообще и в отдельных федеративных землях?
— Пожалуйста, с удовольствием.

Личные вопросы

1. В каком возрасте вы хотите
   а) иметь свою машину?
   б) иметь свою квартиру?
   в) жениться (выйти замуж)?
   г) иметь детей?
   Например, в 20 лет, в 27 лет, в 32 года.
2. Радуетесь ли вы, когда все члены семьи дома?
3. Охотно ли вы ходите в школу или на работу?
4. Работаете (учитесь) ли вы, чтобы в будущем иметь лучшие шансы, получать больше денег?
5. Нужно ли принимать во внимание ограничения в сфере частной жизни, чтобы преуспеть на работе или в учёбе? Или вы считаете, что глупо делать больше, чем необходимо?
6. Насколько важны деньги в жизни? Деньги важны, потому что на них можно всё купить. Или вы считаете, что можно жить без лишних денег?
7. Женщина занята домашним хозяйством. Вы за или против?
8. Как вы предпочитаете проводить свободное время? Заниматься спортом, чтением, слушать музыку, ходить на танцы, смотреть телевизор, ходить в кино, театр?

Отметки

Светлана, гордая своим успехом, сказала отцу:
— Я за письменную задачу по математике пятёрку получила! На, смотри!
— Ты не видишь, что я занят? Что у тебя за манеры?!
— Я пятёрку получила! За задачу!
— Ну и что?! Ты всегда должна получать такие оценки. И по всем предметам. Не мешай.
Прошло несколько дней.
— Я тройку сегодня заработала. За письменную по арифметике.

Ма́ма сказа́ла:

— Таки́е тру́дные зада́чи даю́т де́тям реша́ть... Я бы и то не реши́ла.

А па́па покача́л голово́й и сказа́л:

— Коне́чно, тро́йка э́то, как говори́тся, не са́хар. Но ты, Све́та, не па́дай ду́хом, мобилизу́й все свои́ си́лы, гляди́шь — и потя́нешь на четвёрочку, а то и на пятёрку... Светла́на, пойдём вме́сте в парк, хо́чешь? По доро́ге зайдём в магази́н, куплю́ тебе́ шокола́дку — тро́йку твою́ подсласти́ть. Пошли́?

— Пошли́, па́па!

СВЕДЕНИЯ ОБ УСПЕВАЕМОСТИ И ПОВЕДЕНИИ УЧЕНИЦЫ
за 19.../19... учебный год

НАЗВАНИЕ ПРЕДМЕТОВ	Оценки (отметки) успеваемости по четвертям				Годовая оценка (отметка)	Оценка (отметка), полученная на испытании (экзамене)	Итоговая оценка (отметка)
	I	II	III	IV			
Русский язык	4	4					
Литература	5	5					
Родной язык							
Родная литература							
Арифметика							
Алгебра	4	4					
Геометрия	5	4					
Биология	5						
История	5						
География	5	4					
Физика	4	5					
Химия	5	3					
Иностранный язык (какой)	5	4					
Рисование							
Пение	5						
Черчение	4	5					
Физическое воспитание	4	3					
Трудовое обучение	5	4					
Поведение	5						
Число уроков							
Из них пропущено							
Количество опозданий на уроки							
Подпись классного руководителя							
Подпись родителей							
ИТОГИ ГОДА: переведен в следующий класс, оставлен на второй год, исключен, выпущен и т. д.							

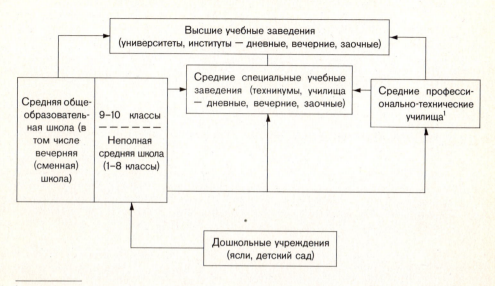

[1] Учащиеся профессионально-технических училищ с одно-двухгодичным сроком обучения получают среднее образование в вечерней (сменной) общеобразовательной школе.

Зада́ние

Из пу́нкта А в пункт Б вы́шел пешехо́д, он прохо́дит в час шесть киломе́тров. А из пу́нкта Б в пункт А в то же са́мое вре́мя вы́шел друго́й пешехо́д, наве́рное, ста́рый, потому́ что он прохо́дит в час лишь 3 киломе́тра. Расстоя́ние ме́жду пу́нктами А и Б — 18 киломе́тров. Ну́жно вы́числить, че́рез ско́лько вре́мени пешехо́ды встре́тятся, ско́лько киломе́тров до встре́чи пройдёт пе́рвый и ско́лько стари́к.

6B

1. Instrumental der Adjektive und besitzanzeigenden Fürwörter

А как де́ло обстои́т с други́ми общеобразова́тельными предме́тами?
А как де́ло обстои́т с твои́м (ва́шим, на́шим) хоровы́м кружко́м?
Со́ня занима́лась на́шими (ва́шими, мои́ми, твои́ми, свои́ми) детьми́.
А как де́ло обстои́т с ва́шей (твое́й) боле́знью?

2. Superlativ der Adjektive mit наибо́лее

Наибо́лее си́льный из нас по волейбо́лу наверняка́ Вале́рий Серге́евич.
Причём **наибо́лее распространённым** иностра́нным языко́м явля́ется англи́йский.

3. einige, eine Reihe von

Обуче́ние в общеобразова́тельной шко́ле дли́тся обы́чно де́сять лет, **в не́которых (не́скольких)** сою́зных респу́бликах — оди́ннадцать лет.
Мы сда́ли **не́сколько** книг (**не́которые** кни́ги, **ряд** книг) в библиоте́ку.

N/A	не́сколько предме́тов, не́которые предме́ты	ряд
G	не́скольких (не́которых) предме́тов	ря́да
D	не́скольким (не́которым) предме́там	ря́ду } предме́тов
I	не́сколькими (не́которыми) предме́тами	ря́дом
P	не́скольких (не́которых) предме́тах	ря́де

4. Passiv der vollendeten und unvollendeten Verben

a) vollendet (→ L 5)

В програ́мме **(бы́ло, бу́дет) предусмо́трено** посеще́ние одно́й из городски́х общеобразова́тельных школ.
Вопро́с **(был, бу́дет) решён.**

b) unvollendet

> А какие иностра́нные языки́ **преподаю́тся** (преподава́лись, бу́дут преподава́ться) у вас в шко́ле?
> Основно́е внима́ние **уделя́ется** (уделя́лось, бу́дет уделя́ться) преподава́нию матема́тики и фи́зики.
> Для отстаю́щих в шко́ле **устра́иваются** дополни́тельные заня́тия.
> То тогда́, как **говори́тся**, оставля́ют на о́сень.

5. Дееприча́стия (Adverbialpartizipen)

Bedingung für ihren Gebrauch: gleiches Subjekt in Haupt- und Nebensatz. Sie sind unveränderlich!
Die Bedeutung ergibt sich aus dem Zusammenhang.

a) der Gleichzeitigkeit (→ L 2B7) (unvollendeter Aspekt): Funktion
Das zeitliche Verhältnis der Verben in Haupt- und Nebensatz: beide Handlungen finden gleichzeitg statt oder wiederholt nacheinander, unabhängig davon, ob das Verb im Hauptsatz in der Gegenwart, Vergangenheit oder Zukunft steht.

> – Begründung: *da, weil*   Bedingung: *wenn*
>
> Тогда́, **име́я** непо́лное сре́днее образова́ние, они́ получа́ют возмо́жность поступи́ть в сре́днее специа́льное уче́бное заведе́ние.
> Ча́сто, **переходя́** у́лицу в неполо́женном ме́сте, я плачу́ штраф.

> – Art und Weise: *indem, wobei, ohne zu*
>
> Они́ занима́ются вдвоём и́ли втроём, **гото́вя** дома́шние зада́ния, **повторя́я** про́йденный материа́л.
> ... как ве́руем и мы са́ми, **не зна́я**, что твори́м.

– Zeit: *während, als*

Бу́дучи в Ленингра́де, мы посети́ли одну́ из городски́х общеобразова́тельных школ.

Die einzelnen Bedeutungen der Adverbialpartizipien überschneiden sich.

b) der Vorzeitigkeit (beide Aspekte): Funktion
Das zeitliche Verhältnis der Verben in Haupt- und Nebensatz: die Handlung des Adverbialpartizips findet vor der des Hauptsatzes statt.

– Zeit: *nachdem*

Побыва́**в** на не́скольких уро́ках, неме́цкие и сове́тские колле́ги собрали́сь в учи́тельской.
Око́нчи**в** шко́лу, я поступи́л в те́хникум.
Собра́**вшись** в учи́тельской, мы на́чали разгово́р.

– Begründung: *da, weil*

Привы́кну**в** к жи́зни в го́роде, я не мог перее́хать в се́льскую ме́стность.

– Konzession: *obwohl*

Не реши́**в** зада́чу до конца́, я всё-таки получи́ла четвёрку.

c) Form

Das Adverbialpartizip der Gleichzeitigkeit wird vom Stamm der Gegenwart gebildet.
Endung: -я, -а
          -ясь, -ась

я гото́в лю	я крич у́	я зна́ ю	я интересу́ юсь
ты гото́в ишь	ты крич и́шь	ты зна́ ешь	ты интересу́ ешься
гото́в **я**	крич **а́**	зна́ **я**	интересу́ **ясь**

Ausnahmen: быть: **бу́дучи**
             Verben auf -ава́ть: устава́я, преподава́я, отстава́я, u. a.

Folgende Verben haben kein Adverbialpartizip der Gleichzeitigkeit:
писа́ть, пить, е́хать, петь, спать, ждать, мочь, хоте́ть, каза́ться, расти́, рва́ться, дли́ться

Das Adverbialpartizip der Vorzeitigkeit wird vom Stamm des Infinitivs und der Vergangenheit gebildet. Endung: **-в**
-вшись

побыва́ ть	вы́пи ть	око́нчи ть	реши́ ть	собра́ ться
побыва́ ла	вы́пи ли	око́нчи л	реши́ ла	собра́ ли́сь
побыва́ **в**	вы́пи **в**	око́нчи **в**	реши́ **в**	собра́ **вшись**

Ausnahmen: съесть — **съев**   попа́сть — **попа́в**
-e-Verben, deren Stamm auf einen Konsonanten endet:
найти́ — **найдя́**   перейти́ — **перейдя́**   подойти́ — **подойдя́**
привезти́ — **привезя́**   принести́ — **принеся́**   провести́ — **проведя́**

6. Partizip der Vorzeitigkeit Passiv, Langform (→ 5B6)

Мы повтори́ли **про́йденный** материа́л.
Мы посмотре́ли **вы́полненные** Со́ней чертежи́.
На **устро́енном** на́ми ве́чере бы́ло мно́го наро́да.

6C

1. Как насчёт экза́менов? — Как обстои́т де́ло с экза́менами?
    Как насчёт ва́шей боле́зни? — Как обстои́т де́ло с ва́шей боле́знью?

а. иностра́нные языки́   **б.** заня́тия по геогра́фии   **в.** ва́ша но́вая телесту́дия
г. есте́ственные нау́ки   **д.** твой хорово́й кружо́к   **е.** твои́ уро́ки   **ж.** ва́ша сле́дующая вы́ставка   **з.** ва́ши де́ти   **и.** ва́ше отопле́ние   **к.** твоя́ головна́я боль

*2. Какие иностранные языки у вас преподаются? — Наиболее распространённым является английский.
Какие автомашины у вас есть? — Наиболее распространёнными являются «Фольксваген» и «Опель».

а. Какие естественные науки у вас преподаются? **б.** Какие у вас есть квартиры? **в.** Какие у вас есть газеты? **г.** Какие у вас есть дома? **д.** Какие у вас продаются магнитофоны? **е.** На каких иностранных языках говорят у вас? **ж.** Какие напитки у вас пьют? **з.** Какие у вас есть самолёты? **и.** Какие у вас есть фамилии? **к.** Какие у вас есть журналы?

3. Ваши ученики знают русский язык? — Несколько учеников (некоторые из них) знают русский язык, но не все.
Вы сказали школьникам, что завтра экскурсия не состоится? — Я сказал это нескольким школьникам, но не всем.

а. Вы занимались с отстающими школьниками? **б.** Ученики этого класса отстают? **в.** Вы поблагодарили студентов? **г.** Представители города прибыли? **д.** Ученики присутствовали? **е.** Вы поздравили профессоров с успехом? **ж.** Вы танцевали со спортсменками? **з.** Вы говорите на всех европейских языках?

4. Надо было бы (следовало бы) преподавать русский язык и у нас. — Но он уже преподаётся.
Надо было бы построить новый клуб. — Он уже строится.

а. устроить дополнительные занятия **б.** испытать машины **в.** создать новые машины **г.** продавать русские матрёшки **д.** читать такие лекции **е.** принимать эти меры и у нас **ж.** разрешить школьникам не носить форму

5. строить клуб — Клуб строится.
построить клуб — Клуб (был) построен.

а. накрыть стол **б.** открывать двери **в.** продавать газеты **г.** построить башню **д.** выполнить чертежи **е.** принять меры **ж.** выпить вино **з.** повесить картины **и.** выбрать костюм

6.
> Строят новый клуб. — Строится новый клуб.
> Построят новый клуб. — Будет построен новый клуб.
> Построили новый клуб. — (Был) построен новый клуб.

а. Разрешили движение по улице Пушкина. **б.** Предусмотрели экскурсию. **в.** Создают лучшие условия. **г.** Откроют новое училище. **д.** Повесили новые картины. **е.** Повысят цены. **ж.** Часто устраивают такие вечера.

*7. Ответьте на следующие вопросы:

а. Когда у вас открываются магазины? **б.** Каким школьным предметам уделяется у вас основное внимание? **в.** У вас преподаётся русский язык в средней школе? **г.** Когда открыта ваша библиотека? **д.** Какие меры у вас предусматриваются для отстающих? **е.** У вас в школах разрешается разговаривать во время занятий? **ж.** У вас все вопросы решаются директором? **з.** У вас работа разнообразная или многое повторяется? **и.** У вас записывается фамилия того, кто опаздывает в школу (на работу)? **к.** У вас машины испытываются, прежде чем они отправляются покупателям? **л.** У вас открываются новые университеты? **м.** У вас встречаются советские автомашины? **н.** У вас продаются русские матрёшки? **о.** У вас на работе (в школе) обсуждаются интересные телевизионные передачи? **п.** Ваша квартира отапливается осенью, когда холодно?

8.
> Я пишу торопясь. — Не надо (не следует) торопиться, когда вы пишете.
> Я делаю уроки, слушая радио. — Не надо слушать радио, когда вы делаете уроки.

а. Я засыпаю, слушая радио. **б.** Я слушаю лекции, записывая всё. **в.** Я показываю сувениры молча. **г.** Вставая утром, я бужу других. **д.** Я читаю газету, лёжа на диване. **е.** Я готовлю обед, смотря телевизор. **ж.** Выполняя домашние задания, я слушаю пластинки.

9.
> Когда я перехожу улицу, я не смотрю ни налево, ни направо. — Переходя улицу, надо смотреть налево и направо.
> Я слушаю радио, когда делаю уроки. — Не надо слушать радио, делая уроки.

Используйте примеры из упражнения 8.

10. Когда Вера прочитала книгу, она отнесла её в библиотеку. — Прочитав книгу, Вера отнесла её в библиотеку.
Если ты будешь вставать раньше, то не будешь опаздывать на работу. — Вставая раньше, ты не будешь опаздывать на работу.

а. Так как Валя очень много занималась, она хорошо сдала все экзамены. **б.** Когда я был мальчиком, я очень любил кататься на лыжах. **в.** Хотя Олег давно приехал в Москву, он ещё не был в театре. **г.** Когда мы были в отпуске, мы хорошо отдохнули на берегу моря. **д.** Если вы останетесь на час после работы, вы сможете всё закончить. **е.** Так как Валерий не нашёл адреса своего друга, он не смог ответить на его письмо. **ж.** Когда он говорил, он улыбался. **з.** Хотя начальник получил приглашение на свадьбу, он остался дома. **и.** Хотя Иван уже несколько лет изучает немецкий язык, он плохо говорит по-немецки. **к.** Так как девочка не умела читать, она любила слушать. **л.** Когда Касдорфы вернулись с туристской экскурсии, они рассказали много интересного. **м.** Ученики всегда хорошо вели себя на уроках, так как знали, что Пётр Романович строгий учитель. **н.** Когда западногерманские коллеги собрались в учительской, они начали расспрашивать о системе школьного образования в СССР.

*11. Западногерманские учителя побывали на нескольких уроках. — Побывав на нескольких уроках, они собрались в учительской.
Студент поработает на строительстве БАМа. — Поработав на строительстве БАМа, он будет отдыхать на озере Байкал.

а. Ведущий задал вопросы доярке. **б.** Валя сдала экзамен. **в.** Валя обсуждает с бабушкой, где лучше жить: в городе или в деревне. **г.** Борис женился. **д.** Лиза познакомилась с Андреем Петровичем. **е.** Борис вернулся с Севера раньше срока. **ж.** Борис получил письмо от почтальона. **з.** Борис понимает, что письма были перепутаны. **и.** Лиза заметила путаницу.

*12. Я имею неполное среднее образование. — Имея неполное среднее образование, я могу поступить в техникум.
Я изучаю русский язык. — Изучив русский язык, я смогу разговаривать с любым русским.

а. У меня есть телевизор. **б.** Я заполнил(а) анкету. **в.** Я часто играю в волейбол. **г.** Я опоздал(а) на спектакль. **д.** Я не умею плавать. **е.** Я выполнил(а) все чертежи. **ж.** Я отсутствовал(а) на занятиях. **з.** Я всегда перехожу улицу в положенном месте. **и.** Я не понял(а) начало романа.

13. Материал пройден. — Покажите пройденный материал.
Работа начата. — Покажите начатую работу.

а. Добавлено слово. **б.** Домашнее задание приготовлено. **в.** Стулья принесены. **г.** Посуда помыта. **д.** Бельё постирано.

*14. Вам хочется больше услышать о системе школьного образования в СССР. — Не могли бы вы ответить нам на некоторые вопросы?
Вам нужны дополнительные занятия. — Не могли бы вы устроить дополнительные занятия?

а. Вы не усвоили весь материал. **б.** Вам хочется изучать русский язык. **в.** Вы не всё поняли. **г.** Вы оставили свои деньги дома. **д.** Вам трудно заполнить анкету. **е.** Вам нужно лекарство.

*15. Личные вопросы.

а. В каком возрасте вы поступили в (начальную) школу? **б.** Вы обязаны приходить на работу в назначенный час? **в.** В каком возрасте вы хотите перестать (перестали) работать? **г.** Вы были сильны в математике (физике, химии, биологии, географии, немецкой литературе, истории, обществоведении, английском языке, французском языке, русском языке, музыке и т. д.)? **д.** Как вы думаете, надо ли уделять больше внимания преподаванию иностранных языков (естественных наук, музыки, искусствоведения, спорта, литературы, родного языка, истории, географии, обществоведения, основ государства и права и т. д.)? **е.** Что вы делали (делаете), когда вы отставали (отстаёте) по какому-либо предмету? **ж.** В каком возрасте вы начали (начнёте) работать? **з.** В каком возрасте вы ходили в первый раз в театр? **и.** Вы уже (когда-нибудь) оставались на второй год? **к.** В вашей школе более сильные школьники помогали (помогают) отстающим школьникам? **л.** В каком возрасте вы начали плавать? **м.** Как вы считаете, стоит ли начинать изучать иностранный язык с первых классов? **н.** В каком возрасте вы сдали (сдадите) выпускные экзамены за среднюю школу (техникум, училище, университет)?

о. В вашей школе многие оставались (остаются) на второй год? **п.** В каком возрасте вы были в первый раз за границей?

*16. Употребите следующие слова, обозначающие количество: несколько; немногие; некоторые; редко кто; довольно много; почти все; ряд; абсолютно все; никто; все, кроме; большинство.

> В вашем классе многие оставались на второй год? — Редко кто оставался (остаётся) на второй год. — Никто не оставался (остаётся) на второй год. В вашей школе ученики охотно изучали географию? — Большинство школьников изучало географию охотно. Только небольшая часть учеников не любила географию. — Трудно сказать. Я не спрашивал(а) товарищей, охотно ли они изучают географию.

а. У вас все пешеходы переходят улицу в положенном месте? **б.** У вас все телезрители любят детективы? **в.** У вас все женщины носят брюки? **г.** Вам нравились (нравятся) все предметы, которые вы изучали (изучаете) в школе? **д.** У вас все милиционеры (полицейские) носят форму? **е.** Вы знаете все улицы своего города? **ж.** Вы выбрасываете все газеты? **з.** Вы знаете все европейские страны? **и.** Вы приглашаете всех своих товарищей на день рождения? **к.** Вы читали все книги, которые у вас есть дома?

*17.
> Во время лекции я всё записываю.
> Во время каникул я буду в Москве.

Вставьте подходящие по смыслу слова: полёт, совещание, концерт, работа, экскурсия, каникулы, отпуск, обед, пребывание.

а. ... мы ездим на турбазу. **б.** ... я читаю газету. **в.** ... директор несколько раз выходил. **г.** ... мы будем останавливаться несколько раз. **д.** ... я разговаривал с лётчиком. **е.** ... в Москве мы разговаривали с советскими учителями. **ж.** ... ведущий взял интервью у композитора. **з.** ... я очень устаю. **и.** ... нам нужно сдать несколько экзаменов.

Мо́да

С тех пор как в 1900 году́ мо́да впервы́е показа́ла из-под ю́бки бо́льше, чем ко́нчик ту́фельки, подо́л удлиня́лся, укора́чивался, сно́ва удлиня́лся и вновь укора́чивался...

1910 г. В нача́ле ве́ка ю́бка укороти́лась насто́лько, что из-под неё ста́ли видны́ ту́фли. Одна́ко суще́ственно же́нская оде́жда не измени́лась: длина́ её по-пре́жнему затрудня́ет движе́ние.

1920 г. Всё укора́чивающийся подо́л подня́лся вы́ше щи́колоток.

1927 г. Ю́бка укороти́лась до преде́ла, возмо́жного в то вре́мя.

1933 г. Удало́сь сно́ва удлини́ть ю́бку. Изобрели́ замо́к-мо́лнию, благодаря́ чему́ силуэ́т оде́жды смог повторя́ть ли́нии фигу́ры.

1940 г. Длина́ ю́бки коле́блется от коле́на до середи́ны икры́. Пле́чи оде́жды широ́кие, квадра́тные, основа́тельно наби́тые ва́той.

1947 г. По́сле тяжёлых вое́нных лет Пари́ж удиви́л мир, ре́зко и неожи́данно удлини́в ю́бки. Но́вый силуэ́т предусма́тривал у́зкие пле́чи, то́нкую та́лию и широ́кую дли́нную ю́бку, не доходя́щую до по́ла на 24 см.

1957 г. Появля́ются всё но́вые силуэ́ты. Подо́л стано́вится коро́че.

1967 г. Ли́нии оде́жды ста́ли геометри́ческими, длина́ чуть вы́ше коле́н. Начало́сь рожде́ние ми́ни-мо́ды.

1968 г. Подо́л подня́лся на у́ровень ультрами́ни.

1970 г. Модельеры, тем не ме́нее, стара́ются удлини́ть ю́бку. Вошла́ в мо́ду ми́ди-длина́, подо́л спусти́лся до середи́ны икры́.

Как ви́дите, наибо́лее радика́льные измене́ния происходи́ли в тече́ние полуве́ка че́рез ка́ждые 7—10 лет. То́лько ми́ни-мо́да существова́ла немно́го ме́ньше. Ну, основно́й вы́вод: носи́те то, что вам нра́вится и вам идёт. На сантиме́тр коро́че и́ли длинне́е — в э́том отноше́нии мо́да не ме́лочна. Гла́вное, что́бы о́бщее впечатле́ние бы́ло прия́тным и гармони́чным.
Как мо́да развива́ется да́льше?

«В челове́ке всё должно́ быть прекра́сно: и лицо́, и оде́жда, и душа́, и мы́сли.»
Из пье́сы «Дя́дя Ва́ня» А. П. Че́хова

Хо́чешь быть краси́вым, будь им!

По́езд мча́лся в ю́жном направле́нии, к берега́м Чёрного мо́ря. Пора́ была́ ле́тняя, населе́ние, есте́ственно, стреми́лось на о́тдых. Не́которые пассажи́ры пошли́ пое́сть в ваго́н-рестора́н. Необы́чным был лишь их вид. Они́ входи́ли в рестора́н то ли как в спа́льню, то ли как в душ: на одно́м была́ гря́зная ма́йка, на друго́м давно́ не гла́женная пижа́ма. В друго́й рестора́н, не на колёсах, как и в любо́е обще́ственное ме́сто, все э́ти лю́ди явля́ются хорошо́ вы́бритыми и хорошо́ оде́тыми.

Че́стно говоря́, вряд ли мо́жно поня́ть мо́ду явля́ться в теа́тры и́ли на конце́рты в джи́нсах, сви́терах и́ли чём-то подо́бном.

При э́том замеча́тельно, что арти́сты чу́вствуют себя́ прекра́сно в компа́нии пра́здично оде́тых люде́й. А вот пожило́й супру́жеской па́ре, сидя́щей ря́дом со ста́рыми сви́терами и джи́нсами, стано́вится не по себе́. Неудо́бно ка́к-то и настрое́ние не то.

Как-то на одно́м дру́жеском ве́чере состоя́лся тако́й разгово́р ме́жду де́вушкой и па́рнем:
— Вот все и́щут, пи́шут. А у нас и вообще́, е́сли хоти́те, нельзя́ быть элега́нтным.
— Э́то почему́ же, отку́да у вас таки́е мы́сли? — возрази́ла де́вушка. — О́чень да́же мо́жно. Ну́жно то́лько поча́ще

умываться, гладить брюки, чистить ботинки, причёсываться, носить чистую рубашку. Если не нравится магазинная одежда, то можно научиться шить самому или отдать в ателье пошива.

— А!... — махнул было рукой парень, но вдруг покраснел. Он понял, что девушка говорит конкретно о его внешнем виде. Нашему парню следует дать очень простой, но очень полезный совет, который я слышал недавно: «Если хочешь быть красивым, будь им!»

По статье из газеты «Неделя»

Какой вы есть?

Ответив на следующие вопросы, вы можете проверить себя

		Да	Нет
1.	Считаете ли вы, что всё имеет свою цену?	1	3
2.	Предпочитаете ли вы какой-либо цвет?	2	1
3.	Можете ли вы посмеяться над собой?	1	2
4.	Любят ли вас в компании?	1	4
5.	Уступаете ли вы в спорах?	1	4
6.	Можете ли вы скрывать свои неприятности?	1	3
7.	Любите ли вы много говорить?	2	1
8.	Записываете ли вы своих должников?	2	1
9.	Считаете ли вы себя хорошо разбирающимся в людях?	1	3
10.	Считаете ли вы, что сберкнижка не нужна?	2	1
11.	Считаете ли вы, что обижены судьбой?	4	1
12.	Радуют ли вас неприятности ваших врагов?	3	1

Больше 31 — эгоист
27 — 31 — не эгоист, а бессердечный
20 — 26 — сохраняя здоровый эгоизм, вы готовы прийти на помощь другим
Менее 20 — неуравновешенный характер, возможно, вследствие молодости

7B 1. werden + Adjektiv im Komparativ

Юбки стано́вятся (ста́ли, ста́нут) коро́че (бо́лее коро́ткими).
Юбки укора́чиваются (укороти́лись, укоротя́тся).
Юбки стано́вятся всё длинне́е (бо́лее дли́нными). — *immer länger*
Юбки всё удлиня́ются.
Па́рень красне́ет (покрасне́л).

бе́лый, -ая	беле́ть/по-	— *weiß werden*
голубо́й, -а́я	голубе́ть/по-	— *hellblau werden*
дорого́й, -а́я	дорожа́ть/по-	— *teurer werden*
дешёвый, -ая	дешеве́ть/по-	— *billiger werden*
жёлтый, -ая	желте́ть/по-	— *gelb werden*
здоро́вый, -ая	здорове́ть/вы-	— *kräftiger, gesund werden*
зелёный, -ая	зелене́ть/по-	— *grün werden*
кра́сный, -ая	красне́ть/по-	— *rot werden*
кре́пкий, -ая	кре́пнуть/о-	— *kräftig werden*
по́лный, -ая	полне́ть/по-	— *voll, dick werden*
све́тлый, -ая	светле́ть/по-	— *hell werden*
си́ний, -яя	сине́ть/по-	— *dunkelblau werden*
ста́рый, -ая	старе́ть/по-	— *altern, alt werden*
тёмный, -ая	темне́ть/по-	— *dunkel werden*
тёплый, -ая	тепле́ть/по-	— *warm werden*
ти́хий, -ая	утиха́ть/ути́хнуть	— *ruhiger werden, sich abschwächen*
то́нкий, -ая	худе́ть/по-	— *dünner, schlanker werden*
холо́дный, -ая	холода́ть/по-	— *kühler, kälter werden*
чёрный, -ая	черне́ть/по-	— *schwarz werden*
хоро́ш, -а́ (собо́й)	хороше́ть/по-	— *hübscher werden*

Vergleiche auch die Verben unter 2 (+ -ся).

2. machen + Komparativ der Adjektive

Модельѐры сде́лали (де́лают) ю́бки бо́лее коро́ткими (коро́че).
Модельѐры укороти́ли (укора́чивают) ю́бки. — *kürzen*
Рабо́чие сде́лали у́лицу бо́лее широ́кой (ши́ре).
Рабо́чие расши́рили (расширя́ют) у́лицу. — *verbreitern*

бли́зкий, -ая	— приближа́ть/прибли́зить	— nähern
большо́й, -а́я	— увели́чивать/увели́чить	— vergrößern
бы́стрый, -ая	— убыстря́ть/убыстри́ть	— beschleunigen
высо́кий, -ая	— повыша́ть/повы́сить	— erhöhen
гря́зный, -ая	— грязни́ть/за- па́чкать/за-	— verschmutzen — verschmutzen
далёкий, -ая	— удаля́ть/удали́ть	— entfernen
дли́нный, -ая	— удлиня́ть/удлини́ть	— verlängern (örtl.)
до́лгий, -ая	— продолжа́ть/продо́лжить	— verlängern (zeitl.), fortsetzen
коро́ткий, -ая	— укора́чивать/укороти́ть	— verkürzen
краси́вый, -ая	— украша́ть/укра́сить	— verschönern, schmücken
кре́пкий, -ая	— укрепля́ть/укрепи́ть	— festigen
лёгкий, -ая	— облегча́ть/облегчи́ть	— erleichtern
ма́ленький, -ая	— уменьша́ть/уме́ньшить	— verringern, verkleinern
ме́дленный, -ая	— замедля́ть/заме́длить	— verzögern, verlangsamen
ни́зкий, -ая	— снижа́ть/сни́зить	— senken
плохо́й, -а́я	— ухудша́ть/уху́дшить	— verschlechtern
по́лный, -ая	— пополня́ть/попо́лнить	— füllen
пра́вильный, -ая	— поправля́ть/попра́вить	— berichtigen, verbessern
просто́й, -а́я	— упроща́ть/упрости́ть	— vereinfachen
свобо́дный, -ая	— освобожда́ть/освободи́ть	— befreien, räumen
си́льный, -ая	— уси́ливать/уси́лить	— verstärken
ско́рый, -ая	— ускоря́ть/ускори́ть	— beschleunigen, früher zustande bringen
тёплый, -ая	— утепля́ть/утепли́ть — нагрева́ть/нагре́ть — разогрева́ть/разогре́ть	— erwärmen, aufwärmen
то́чный, -ая	— уточня́ть/уточни́ть	— genauer angeben
тру́дный, -ая	— затрудня́ть/затрудни́ть	— erschweren, behindern
хоро́ший, -ая	— улучша́ть/улу́чшить	— verbessern
чи́стый, -ая	— чи́стить/вы́- — очища́ть/очи́стить	— reinigen — säubern
широ́кий, -ая	— расширя́ть/расши́рить	— erweitern, ausdehnen, verbreitern
у́зкий, -ая	— сужа́ть/су́зить	— verengen

3. halb

	N, A	G, D, I, P
век:	полвéка	бóлее (мéнее) полувéка, о полувéке
год:	полгóда	в течéние полугóда
час:	получасá	в течéние получáса

4. Jahreszahlen, Ordnungszahlen

В 1900 г.: в ты́сяча девятисóтом годý
В 1800 г.: в ты́сяча восьмисóтом годý
В 2000 г.: в двухты́сячном годý

5. Partizip der Gleichzeitigkeit Aktiv, unvollendeter Aspekt

Супрýжеской пáре, котóрая сидит рядом со стáрыми джи́нсами, станóвится не по себé.
Супрýжеской пáре, сидя́щей рядом, станóвится не по себé.
Подóл, котóрый всё укорáчивался, подня́лся вы́ше щи́колоток.
Всё укорáчивающийся подóл подня́лся вы́ше щи́колоток.

Das Kennzeichen der Partizipien der Gleichzeitigkeit Aktiv ist
-ющ, -ущ für -e-Verben und
-ящ, -ащ für -и-Verben.

Gehen Sie von der 3. Pers. Mz der Gegenwart aus:

	3. Pers. Mz Gegenwart	Partizip der Gleichzeitigkeit aktiv
разбирá-	ют	**ющ** — им — (ся)
жив-	ýт	**ýщ** — ий
не дохóд-	ят	**я́щ** — ую
ýч-	ат — ся	**áщ** — ая — ся

Das Partizip der Gleichzeitigkeit Aktiv paßt sich in Geschlecht, Zahl und Fall dem entsprechenden Substantiv an. Das zeitliche Verhältnis der Verben im Hauptsatz und im Partizip: beide Handlungen finden gleichzeitig statt, unabhängig davon, ob das Verb im Hauptsatz in der Gegenwart, Vergangenheit oder Zukunft steht.

Vergleichen Sie folgende Partizipien, die zu Adjektiven geworden sind:
бу́дущий, сле́дующий
und folgende Partizipien, die zu Substantiven geworden sind:
слу́жащий, веду́щий

6. сам, оди́н in unpersönlichen Infinitivsätzen

Лу́чше гото́виться к экза́менам одному́ (одно́й).
Мо́жно научи́ться шить самому́ (само́й).

7. lernen, beibringen, lehren

a) *lernen, studieren*

Я изуча́ю		Я изучи́л(а)	
учу́	ру́сский язы́к	вы́учил(а)	фи́зику
учу́сь	ру́сскому языку́	научи́лся(лась)	языку́

Он **изучи́л** ара́бский язы́к за оди́н год. — *(eine Sprache) erlernen*
Мы **вы́учили** пе́сню (уро́ки, слова́). — *sich Wissen aneignen*
Мы **научи́лись** петь (ката́ться на лы́жах). — *Fertigkeiten erwerben*
Она́ **у́чится** (**учи́лась**) в консервато́рии (учи́лище, институ́те, шко́ле, те́хникуме, университе́те). — *studieren, eine Lehranstalt besuchen*

b) *beibringen, lehren, unterrichten*

Ма́ма **научи́ла (у́чит)**
　　　　обучи́ла (обуча́ет)　　меня́ *(A)* неме́цкому языку́.
　　　　учи́ла
Я **преподаю́**
　　преподава́л(а)　неме́цкий язы́к в сре́дней шко́ле.

c) *Unterricht*

заня́тия по ру́сскому языку́	— *Unterrichtsstunden (Tätigkeit des Lernenden)*
уро́к ру́сского языка́	— *eine Unterrichtsstunde*
обуче́ние ру́сскому языку́	— *Unterricht in einem Fach*
преподава́ние ру́сского языка́	*(Tätigkeit des Lehrenden)*

7C

*1. Ю́бки укороти́лись и́ли удлини́лись, и́ли оста́лись таки́ми же дли́нными, каки́ми бы́ли в про́шлом году́? — Они́ укороти́лись немно́го. — Ю́бки укороти́лись намно́го. — Удлини́лись. — Оста́лись таки́ми же дли́нными, каки́ми бы́ли год наза́д (как в про́шлом году́). — Длина́ ю́бок не измени́лась.

а. Пого́да улу́чшилась и́ли уху́дшилась, и́ли оста́лась тако́й же, како́й была́ вчера́? **б.** Ко́фе подорожа́л, подешеве́л и́ли цена́ на ко́фе не измени́лась? **в.** Вы пополне́ли и́ли похуде́ли, и́ли оста́лись таки́м же (тако́й же), каки́м (како́й) бы́ли в про́шлом году́? **г.** Цена́ на такси́ повы́силась, сни́зилась и́ли оста́лась тако́й же, како́й была́ год наза́д? **д.** Програ́мма телеви́дения улу́чшилась, уху́дшилась и́ли оста́лась тако́й же, како́й была́ год наза́д? **е.** Ва́ша зарпла́та (стипе́ндия) повы́силась, пони́зилась и́ли оста́лась тако́й же, како́й была́ год наза́д? **ж.** Число́ выходны́х дней у вас увели́чилось и́ли уме́ньшилось, и́ли оста́лось таки́м же, каки́м бы́ло в про́шлом году́? **з.** Движе́ние на ва́шей у́лице увели́чилось и́ли уме́ньшилось, и́ли оста́лось таки́м же, каки́м бы́ло в про́шлом году́?

2. Вчера́ бы́ло тепле́е. — Да, сего́дня (я́вно) похолода́ло.
Ра́ньше э́ти переда́чи бы́ли ску́чные. — Да, они́ ста́ли (я́вно) бо́лее интере́сными.

а. Год наза́д результа́ты не́ были таки́ми плохи́ми. **б.** Про́шлой о́сенью цветы́ сто́или деше́вле. **в.** Вчера́ бы́ло холодне́е. **г.** В про́шлый раз впечатле́ние не́ было таки́м си́льным. **д.** В про́шлом году́ у нас бы́ло ме́ньше ученико́в. **е.** Ра́ньше переходи́ть у́лицу не́ было так опа́сно. **ж.** Ра́ньше усло́вия рабо́ты бы́ли тяжеле́е. **з.** В про́шлый раз вода́ в э́той реке́ была́ грязне́е.

*3.
> У вас о́чень дли́нные брю́ки. — На́до укороти́ть их.
> Э́ти переда́чи ма́ло интере́сны. — На́до де́лать их бо́лее интере́сными.

а. Пла́тье сли́шком коро́ткое.   **б.** Поня́ть э́ти пра́вила о́чень тру́дно.   **в.** Я запа́чкал(а) своё пальто́.   **г.** Пле́чи у пла́тья сли́шком широ́кие.   **д.** Биле́ты о́чень дороги́е.   **е.** У́ровень заня́тий о́чень ни́зкий.   **ж.** Возмо́жности развлека́ться здесь не о́чень больши́е.   **з.** Вода́ сли́шком холо́дная.

4.
> 30 секу́нд. — Э́то полмину́ты.
> 33 мину́ты. — Э́то бо́льше, чем полчаса́ (бо́лее получа́са).
> 121 день. — Э́то ме́ньше, чем полго́да (ме́нее полуго́да).

а. 27 мин.   **б.** 42 го́да   **в.** 34 мин.   **г.** 25 сек.   **д.** 50 см   **е.** 12 ч.   **ж.** 18 дней   **з.** 170 дней   **и.** 50 лет   **к.** 500 м   **л.** 36 сек.   **м.** 590 грамм   **н.** 11 ч.   **о.** 51 см   **п.** 30 мин.   **р.** 15 дней   **с.** 485 м   **т.** 182 дня

5.
> Он ма́ло зна́ет, но счита́ет себя́ зна́ющим челове́ком.
> Ба́бушка не успева́ет следи́ть за мо́дой, но счита́ет себя́ челове́ком, следя́щим за мо́дой.

а. Учени́к пло́хо понима́ет матема́тику.   **б.** Васи́лий ма́ло интересу́ется иску́сством.   **в.** Нача́льник не разбира́ется в лю́дях.   **г.** Ле́на не лю́бит приро́ду.   **д.** Бори́с не понима́ет класси́ческую му́зыку.   **е.** Э́тот журнали́ст ма́ло рабо́тает.   **ж.** Она́ почти́ не уме́ет шить.   **з.** Ю́рий никогда́ не скрыва́ет свои́ мы́сли.   **и.** Он не лю́бит свои́х роди́телей.

*6.
> Ре́дко кто предпочита́ет жёлтый цвет. — А я зна́ю же́нщину, предпочита́ющую жёлтый цвет.
> Ма́ло таки́х люде́й, кото́рые уме́ют посмея́ться над собо́й. — А я зна́ю мужчи́ну, уме́ющего посмея́ться над собо́й.

а. Ре́дко кто уступа́ет в спо́рах.   **б.** Ма́ло таки́х люде́й, кото́рые не счита́ют себя́ оби́женными судьбо́й.   **в.** Ре́дко кто разбира́ется в пра́вилах у́личного движе́ния (грамма́тики).   **г.** Ма́ло таки́х люде́й, кото́рые зараба́тывают 10 000 ма́рок в ме́сяц.   **д.** Ма́ло таки́х люде́й, кото́рые прово́дят свой о́тпуск на се́вере.   **е.** Ре́дко кто не бои́тся экза́менов.   **ж.** Ре́дко кто мо́жет скрыва́ть свои́ неприя́тности.   **з.** Ма́ло таки́х люде́й, кото́рые интересу́ются э́тим языко́м.   **и.** Ре́дко кто рабо́тает но́чью.

7. | Жена́ ушла́ и не погла́дила брю́ки. — Мо́жно самому́ погла́дить брю́ки. Мы вме́сте хоте́ли купи́ть пода́рок, но жена́ ушла́ к подру́ге. — Мо́жно одному́ купи́ть пода́рок.

а. Мы хоте́ли учи́ть слова́, но сестра́ ушла́.   **б.** Брат ушёл и не вы́бросил ста́рые газе́ты.   **в.** Жена́ ушла́ и не помы́ла посу́ду.   **г.** Де́ти ушли́ и не сходи́ли за проду́ктами.   **д.** Мы хоте́ли написа́ть письмо́, но Серге́й уе́хал.   **е.** Мы хоте́ли поговори́ть с дире́ктором, но Рома́н ушёл.   **ж.** Мы хоте́ли реши́ть зада́чу, но па́па ушёл.   **з.** Со́ня ушла́ и не убрала́ в кварти́ре.

*8.   **Вста́вьте ну́жные слова́ в значе́нии „lernen".**

а. Я ... слова́ за час.   **б.** Я ... италья́нский язы́к в сле́дующем году́.   **в.** Ле́на ... неме́цкому языку́.   **г.** Пе́тя уме́ет ката́ться на лы́жах. Он ... ката́ться на лы́жах с па́пой.   **д.** Я уже́ ... но́вую пе́сню.   **е.** Сове́тские шко́льники ... исто́рию с 4 кла́сса.   **ж.** Со́ня ... в те́хникуме.   **з.** Я ... управля́ть маши́ной в а́рмии.

*9. | Кто вас научи́л ката́ться на лы́жах? — Мой оте́ц меня́ научи́л. — Сам(а́) научи́лся (-лась).

а. говори́ть по-неме́цки   **б.** игра́ть в волейбо́л   **в.** рабо́тать   **г.** быть ве́жливым   **д.** петь   **е.** уважа́ть чужи́е взгля́ды   **ж.** пла́вать   **з.** управля́ть маши́ной

*10. | Я рабо́тал(а) сего́дня семь часо́в.
Я прие́хал(а) сюда́ за полчаса́.
Я был(а́) в Сове́тском Сою́зе три ра́за в тече́ние пяти́ лет.

а. Я сиде́л(а) за столо́м ...   **б.** Та́ня отве́тила на все вопро́сы ...   **в.** Мы долете́ли ...   **г.** Мы стоя́ли на остано́вке ...   **д.** В столо́вой мо́жно пообе́дать ...   **е.** Мы дошли́ до кинотеа́тра ...   **ж.** Мы игра́ли в ша́хматы ...   **з.** Я пла́вал(а) в бассе́йне ка́ждое у́тро ...   **и.** Я засну́л(а) ... До э́того я чита́л(а) ...

*11. | Когда́ прихо́дит ваш авто́бус? — У́тром че́рез ка́ждые 7—8 мину́т, днём че́рез ка́ждые 15 мину́т, ве́чером опя́ть че́рез ка́ждые 7—8 мину́т. А с девяти́ часо́в до ча́са но́чи че́рез ка́ждые два́дцать мину́т.
Когда́ прихо́дит к вам ваш де́душка? — Приме́рно ка́ждые две неде́ли.
— Раз в ме́сяц.
— Ка́ждый вто́рник (по вто́рникам).

а. трамва́й **б.** тётя **в.** по́езд **г.** почтальо́н **д.** роди́тели **е.** Когда́ у вас передаю́т по ра́дио после́дние изве́стия? **ж.** игра́ть в те́ннис **з.** ходи́ть на трениро́вки **и.** е́здить за́ город **к.** ходи́ть за проду́ктами

*12.
> Нева́жно, дорога́я и́ли недорога́я на вас оде́жда. — Гла́вное, что́бы она́ вам шла́.
> Нева́жно, чемода́н и́ли большу́ю су́мку вы возьмёте. — Гла́вное, что́бы вы взя́ли с собо́й не сли́шком мно́го веще́й.

а. ме́лкие/кру́пные я́блоки **б.** проводи́ть о́тпуск на мо́ре/в гора́х **в.** ходи́ть на трениро́вки по худо́жественной гимна́стике/игра́ть в футбо́л **г.** пить вино́/пи́во **д.** жени́ться на краси́вой/некраси́вой же́нщине (вы́йти за́муж за краси́вого/некраси́вого мужчи́ну)

*13. Отве́тьте на сле́дующие ли́чные вопро́сы.

а. Скрыва́ете ли вы свои́ впечатле́ния? **б.** Скрыва́ете ли вы свою́ уста́лость? **в.** Счита́ете ли вы себя́ ме́лочным(ной)? **г.** Ваш нача́льник ме́лочен? **д.** Ваш муж (ва́ша жена́, ваш друг, ва́ша подру́га, ва́ша де́вушка, ваш па́рень) пунктуа́лен(льна)? **е.** Вы ме́лочны в отноше́нии чистоты́? **ж.** Вы скрыва́ете, ско́лько у вас де́нег? **з.** Кака́я из мод на страни́це . . . (с нача́ла ве́ка по сего́дня) вам бо́льше всего́ понра́вилась? **и.** Е́сли бы вы бы́ли модельёром, каку́ю мо́ду вы бы предложи́ли? **к.** Как вы отно́ситесь к оде́жде, кото́рую но́сят в теа́тр? **л.** Вы тре́буете, что́бы пассажи́ры одева́лись прили́чно, когда́ они́ иду́т в ваго́н-рестора́н, да́же е́сли они́ е́дут в по́езде не́сколько дней? **м.** Вы дово́льны ваго́нами-рестора́нами? **н.** В како́й компа́нии вы чу́вствуете себя́ хорошо́? **о.** По-ва́шему, мо́жно быть элега́нтным, тра́тя ма́ло де́нег? **п.** Вы дово́льны магази́нной оде́ждой? **р.** Вы уже́ ши́ли оде́жду са́ми?

*14.  Это мо́да шестидеся́тых годо́в (второ́й полови́ны шестидеся́тых годо́в, 1965—1967 годо́в). Ли́нии ста́ли геометри́ческими, длина́ — вы́ше коле́н. Э́то нача́ло ми́ни-мо́ды.

а. Э́то ...   б.   в.   г.   д.

е.   ж.   з.   и.

8A

Пожилы́е лю́ди

Журнали́сты спра́шивают, учёные отвеча́ют

Ж. Мо́жет ли челове́к жить до́льше, чем сейча́с?

У. Не́которые колле́ги утвержда́ют, что бу́дет возмо́жно жить до 120—150 лет. Улучша́ются усло́вия и у́ровень жи́зни, медици́нское обслу́живание — зна́чит и жить лю́ди ста́нут до́льше.

Но есть фа́кторы, с кото́рыми нам ну́жно боро́ться. Наприме́р, для ра́звитых стран сейча́с характе́рно, что лю́ди ча́ще всего́ умира́ют от серде́чных заболева́ний, травм и от ра́ка.

Ж. В ря́де стран наблюда́ется тенде́нция к не́которому повыше́нию сме́ртности. Причём речь идёт об экономи́чески ра́звитых индустриа́льных стра́нах. Чем вы э́то объясни́те: снача́ла они́ дости́гли высо́кого у́ровня сре́дней продолжи́тельности жи́зни и вдруг — спад?

У. В принципе связь очень сложная. Я уверен, что большую роль играет загрязнение окружающей среды, напряжённый ритм жизни, стрессовые ситуации, а...

Ж. Извините, что я вас перебью. Эта тенденция касается в одинаковой степени обоих полов?

У. Нет, мужчины живут меньше. В Советском Союзе эта разница составляет сейчас для средней продолжительности жизни около 9 лет.

Ж. В то же время существует мнение, что при создании молодой семьи жених должен быть на несколько лет старше невесты. Не «планируется» ли тем самым проблема женского одиночества в пожилом возрасте?

У. Не стоит смешивать разные понятия. В социальном, жизненном плане действительно лучше, когда мужья старше своих жён. А что касается одиночества, наша задача состоит в том, чтобы изменить, исправить это положение. Рассчитывать на полное соответствие, вероятно, не придётся. Исследования показали, что женский организм сильнее мужского. Зато здоровье долголетних мужчин лучше, чем здоровье женщин того же возраста.

Ж. Говорят, долголетие передаётся по наследству...

У. В определённой мере это действительно так. Но мы получаем от родителей лишь программу. А вот как её реализовать, — в значительной степени это зависит от нас самих.

Старик и яблони

Старик сажал яблони. Ему сказали: «Зачем тебе эти яблони? Долго ждать от этих яблонь плода, и ты не съешь с них яблочка». Старик сказал: «Я не съем, другие съедят, мне спасибо скажут».

(По Л. Толстому)

Кавказские долгожители

Грузинские учёные считают, что наиболее благоприятными для долголетия являются местности, расположенные на высоте 500—1500 метров над уровнем моря, в которых соседствуют горный и морской климат. В Грузии почти 2000 человек, которым свыше ста лет. Большинство из них живёт в горных селениях и на Черноморском побережье. Изучение жизни долгожителей показало, что все они с юношеских лет занимаются физическим трудом. Как правило, столетние старики не курят, едят много овощей, мёд, сыр, молочные продукты. Пьют только лёгкие виноградные вина. Кавказские долгожители проявляют интерес к общественным событиям, участвуют в кружках художественной самодеятельности. На Кавказе существуют ансамбли песни и танца, в которые принимают любителей не моложе 70 лет.

Вопро́сы долгожи́телям

1. Ско́лько вам лет?
2. Где вы про́жили бо́льшую часть жи́зни? В большо́м го́роде, ма́леньком го́роде, в се́льской ме́стности (ну́жное подчеркну́ть).
3. В како́м во́зрасте вы на́чали рабо́тать? В како́м во́зрасте вы прекрати́ли рабо́тать?
4. Основно́е заня́тие в тече́ние жи́зни. Вы занима́лись физи́ческим и́ли у́мственным трудо́м?
5. Ско́лько у вас бы́ло дете́й? Ско́лько вам бы́ло лет, когда́ роди́лся ваш пе́рвый ребёнок? . . . после́дний ребёнок?
6. Как вы оце́ниваете своё здоро́вье? Счита́ете себя́ кре́пким, сла́бым, о́чень сла́бым, больны́м (ну́жное подчеркну́ть).
7. Выполня́ете ли вы сейча́с каку́ю-либо рабо́ту в своём дома́шнем хозя́йстве? Е́сли да, то каку́ю?
8. Жа́луетесь ли вы на па́мять? Да, нет (ну́жное подчеркну́ть).
9. Ку́рите ли вы в настоя́щее вре́мя? Да, нет (ну́жное подчеркну́ть). Ско́лько папиро́с (сигаре́т) и́ли тру́бок вы ку́рите в день? Е́сли бро́сили, то ско́лько лет кури́ли?
10. Употребля́ете ли вы в настоя́щее вре́мя алкого́льные напи́тки? Да, нет (ну́жное подчеркну́ть). Как ча́сто? Е́сли вы бро́сили пить, то ско́лько лет употребля́ли алкого́льные напи́тки?
Отве́тьте на вопро́сы и́ли, е́сли вы не дости́гли пенсио́нного во́зраста, зада́йте э́ти вопро́сы знако́мому вам пожило́му челове́ку.

Ди́ктор-77

Хе́лен Розмари́ Глес, проше́дшую жёсткий отбо́р ко́нкурса, мо́жно назва́ть пе́рвым ди́ктором в ми́ре, появи́вшемся на голубо́м экра́не в во́зрасте . . . 77 лет. Руководи́тели телеви́дения в Кёльне объясни́ли, что они́ останови́ли свой вы́бор на фра́у Глес потому́, что мно́гие постоя́нные телезри́тели — пожилы́е лю́ди, кото́рым, как полага́ют, бу́дет прия́тно ви́деть обраща́ющегося к ним с экра́на «своего́» челове́ка.

— Нет, я вовсе не думаю менять тот образ жизни, к которому привыкла, — заявила победительница конкурса на должность диктора. — Я много читаю, люблю вязать, играть на фортепьяно и не собираюсь отказываться от этих приятных занятий ради новой работы. А перед камерой я веду себя так же, как и дома, и не волнуюсь.

8B

1. Superlativ der Adverbien und Adjektive auf -o

Neben наиболее + Adjektiv gibt es eine zweite Möglichkeit, den Superlativ zu bilden: Komparativ + всего (всех) → 6B2

> Часто: Люди **чаще всего** умирают от сердечных заболеваний, травм и от рака. — *meistens*
> Кто приходит **чаще всех**? — *am häufigsten (von allen)*
> Хорошо: Это хорошо. — А что лучше всего? — *am besten (von allem)*
> Радикально: **Наиболее радикально** мода изменилась в 1947 году. — *am radikalsten*

2. Komparativ ohne более als nachgestelltes Attribut (→ 4B1)

> В ансамбль принимают любителей не моложе 70 лет.
> Я видела цены ниже 100 руб.
> Если можно, дайте мне яблоки покрупнее.

3. Adverb der Adjektive auf -ский

> Речь идёт об **экономически** развитых странах.
> За последние годы Петров стал, к сожалению, **физически** слабым.
> Мы разговаривали **дружески**.

4. сам in der Mehrzahl

N Мы шьём свою одежду **сами**.
G Это зависит от нас **самих**.
D Попросите его обратиться к ним **самим**.
A Они не узнали **самих** себя.
I Они смеялись над **самими** собой.
P На них **самих** были галстуки.
   Они говорили только о **самих** себе.

5. óба/óбе

N **Óба** цвета (**óбе** девушки) мне нравятся.
G Эта тенденция касается **обоих** полов (**обеих** профессий).
D По **обоим** (мальчикам) было видно, что они не выучили уроки.
   По **обеим** сторонам улицы росли деревья.
A Я знаю **оба** места (**обе** столицы).
P В **обоих** языках (в **обеих** странах).
I Мать была довольна **обоими** сыновьями.
   Она взяла кастрюлю **обеими** руками.

Beachten Sie, daß im Russischen das Wort *beide* in folgenden Fällen durch andere Wörter ersetzt wird:

один из двух — *einer von beiden*
который из двух — *welcher von beiden*
мы с тобой — *wir beide*
эти два — *diese beiden*
ни тот, ни другой — *keiner von beiden*
в том и в другом — *in beiden*

6. G der Grundzahlen von 40 — 1 000 000

Около **сорока** студе́нтов, свы́ше **сорока́ пяти́** студе́нтов.
Возмо́жно, бу́дут жить до **ста, ста пяти́десяти** лет.
Принима́ем люби́телей не моло́же **семи́десяти** лет.
Э́то каса́ется **двухсо́т** челове́к.
В Гру́зии живёт о́коло **двух ты́сяч** челове́к, кото́рым свы́ше ста лет.

N, A		G	N, A		G
40	со́рок	сорока́	200	две́сти	двухсо́т
50	пятьдеся́т	пяти́десяти	300	три́ста	трёхсо́т
60	шестьдеся́т	шести́десяти	400	четы́реста	четырёхсо́т
70	се́мьдесят	семи́десяти	500	пятьсо́т	пятисо́т
80	во́семьдесят	восьми́десяти	600	шестьсо́т	шестисо́т
90	девяно́сто	девяно́ста	1 000	ты́сяча, у	ты́сячи
100	сто	ста	2 000	две ты́сячи	двух ты́сяч
			1 000 000	миллио́н	миллио́на

7. Wortbildung: Verb → Substantiv

созда́ть → **созда́ние**   назва́ть → **назва́ние**
загрязни́ть → **загрязне́ние**   повы́сить → **повыше́ние**
изучи́ть → **изуче́ние**

8C

1.
Оле́г прихо́дит ча́сто. — А кто прихо́дит ча́ще всех?
Мо́да измени́лась радика́льно в 1947 году́. — А когда́ мо́да измени́лась радика́льнее всего́ (наибо́лее радика́льно)?

а. Э́то удо́бно.   **б.** Серге́й рабо́тает пло́хо.   **в.** Мари́на пришла́ по́здно.   **г.** Ни́на сде́лала мно́го оши́бок в дикта́нте.   **д.** Э́та гости́ница нахо́дится о́чень бли́зко.   **е.** Изуча́ть ру́сский язы́к легко́.   **ж.** Ви́ктор Никола́евич игра́ет в те́ннис о́чень ре́дко.   **з.** В Сиби́ри зимо́й о́чень хо́лодно.   **и.** Сове́тская спортсме́нка пры́гнула о́чень высоко́.   **к.** Профе́ссор Петро́в говори́т о́чень гро́мко.   **л.** Ва́ля пи́шет ма́ло.

*2.
> Во вре́мя о́тпуска прия́тно сиде́ть на со́лнце на берегу́ мо́ря. —
> А прия́тнее всего́ до́лго спать.
> Пло́хо быть одино́ким. — А ху́же всего́ жени́ться не на той же́нщине (вы́йти за́муж не за того́ мужчи́ну).

а. Удо́бно е́хать на метро́.   **б.** Ску́чно игра́ть в ка́рты.   **в.** Прекра́сно, что ба́бушка прие́дет за́втра.   **г.** Хорошо́ бро́сить кури́ть.   **д.** Рабо́тать официа́нтом легко́.

3.
> О́тпуск зави́сит от пого́ды и от нас сами́х.
> Ве́чер понра́вился гостя́м и нам сами́м.

а. Я рассчи́тываю на экскурсово́да и ...   **б.** Э́то каса́ется не то́лько студе́нтов, но и ...   **в.** Э́то бы́ло прия́тно услы́шать констру́ктору и ...   **г.** С одино́чеством на́до боро́ться и ...   **д.** Успе́х зави́сит ...   **е.** Бу́дут отсу́тствовать де́ти и ...

4.
> Я вы́брал(а) два журна́ла. — О́ба журна́ла мне нра́вятся.
> Я вы́брал(а) две кни́ги. — О́бе кни́ги мне понра́вились.

а. кружо́к   **б.** переда́ча   **в.** арти́ст   **г.** пласти́нка   **д.** пти́ца   **е.** блю́до   **ж.** па́ра ту́фель   **з.** спекта́кль

5.
> Вы бу́дете игра́ть в Москве́ и в Ленингра́де? — Да, мы бу́дем игра́ть в обо́их города́х.
> Вы уже́ слы́шали э́ти два мне́ния? — Да, мы уже́ слы́шали о́ба мне́ния.

а. Вы бо́ретесь с э́тими двумя́ фа́кторами?   **б.** Вы слу́шали э́ти две ле́кции?   **в.** Вы чита́ли э́ти два журна́ла?   **г.** Вы бу́дете в ФРГ и в А́встрии?   **д.** Вы бу́дете игра́ть с Со́ней и с Ни́ной?   **е.** Вы пригласи́ли Оле́га и Серге́я?   **ж.** Съезд враче́й и съезд фи́зиков состоя́тся в э́том году́ в Берли́не?   **з.** Вы бу́дете учи́ться англи́йскому и неме́цкому языку́?

*6.
> Како́й журна́л лу́чше? «Штерн» или «Шпи́гель»?
> — О́ба журна́ла хоро́шие.
> — «Шпи́гель» лу́чше, чем «Штерн».
> — Ни оди́н из них мне не нра́вится (ни тот, ни друго́й).
> — О́ба журна́ла плохи́е.

а. А вы уже летали на самолётах ДЦ-10 и ТУ-154? Какой из них лучше? **б.** Вы уже бывали в Ленинграде и в Москве? Какой город вам больше нравится? **в.** Вы уже посетили Австрию и Швейцарию? **г.** Вы уже видели Волгу и Дунай? **д.** Вы говорите на английском и французском языках? **е.** Вы видели спектакли (или кинофильмы) «Братья Карамазовы» и «Дядя Ваня»? **ж.** Вы любите кофе и чай?

7.
> Сколько студентов? Сорок? — Да, около сорока студентов.
> Сколько минут? Двадцать? — Да, около двадцати минут.

а. Сколько человек? Миллион? **б.** Как долго? Пятнадцать часов? **в.** Сколько ему лет? Восемьдесят? **г.** Сколько это стоит? Сто десять марок? **д.** Сколько это стоит? Пятьдесят рублей? **е.** Сколько метров? Двести? **ж.** Сколько килограммов? Шестьдесят? **з.** Сколько километров? Тысяча? **и.** Сколько дней? Девяносто? **к.** Сколько человек? Три тысячи? **л.** Сколько килограммов? Семьдесят шесть? **м.** Сколько это стоит? Четыреста рублей? **н.** Сколько килограммов? Сорок?

*8.
> Сколько человек живёт в Кёльне? — Около миллиона человек.
> — Свыше миллиона человек.
> — Немного (чуть) меньше миллиона человек.
> Сколько лет вашему директору? — Около сорока лет.
> — Больше сорока лет.
> — Чуть (немного) меньше сорока лет.
> — Он моложе сорока лет.
> — Он намного (гораздо) старше сорока лет.
> — Ему за сорок лет.

а. Сколько человек живёт в Ахене? **б.** Сколько лет вашей матери? **в.** Сколько лет вашему заводу (вашей школе, вашему училищу)? **г.** Сколько километров от Ленинграда до Москвы? **д.** Какова высота вашего дома? **е.** Какова длина реки Рейн? **ж.** Сколько лет вашему дедушке? **з.** Сколько человек живёт в Москве? **и.** Сколько километров от Кёльна до Гамбурга? **к.** Какова высота Цугшпитце? **л.** Какова длина улицы, на которой вы живёте? **м.** Сколько километров от вашего завода (вашей школы, вашего училища) до вашего дома?

*9. | В каком возрасте следует научиться плавать? — Научиться плавать можно с двух лет, но советую с пяти лет.
— Научиться плавать можно в возрасте не старше шестидесяти лет (до шестидесяти лет).
— Научиться плавать можно в любом возрасте, но лучше всего (следует начинать) в пять лет.

а. участвовать в тренировках по художественной гимнастике **б.** рожать детей **в.** играть в волейбол **г.** научиться кататься на лыжах **д.** участвовать в хоровом кружке **е.** научиться читать **ж.** учиться первому иностранному языку

10. | Министерство изменило школьную программу. — Я очень рад(а) изменению программы.
Меня хорошо обслуживали в ресторане. — Я был(а) очень рад(а) хорошему обслуживанию.
— Я был(а) доволен(льна) хорошим обслуживанием.

а. Кто-то возразил. **б.** Меня поздравили. **в.** Мне разрешили уйти раньше. **г.** Ученики извинились. **д.** Мы посетили больного товарища. **е.** Нам предложили отдохнуть.

*11.   Ответьте на следующие вопросы.

а. До какого возраста дожили знакомые вам лица? В каком возрасте они умерли? **б.** От чего они умерли? **в.** В вашей жизни бывают стрессовые ситуации? Если да, какие? **г.** Что можно делать, чтобы ограничить стрессовые ситуации? **д.** Вы довольны медицинским обслуживанием? **е.** Вы довольны обслуживанием в магазинах? **ж.** Окружающая среда у вас загрязняется или нет? **з.** Вы рассчитываете на то, что окружающая среда станет чище? **и.** Среди знакомых вам лиц мужья старше своих жён? Или наоборот? **к.** Какой, на ваш взгляд, должна быть разница в возрасте между мужем и женой? **л.** Вам жалуются знакомые пожилые люди на одиночество? **м.** Жалуетесь ли вы на одиночество? **н.** Как вы думаете, ваши знакомые сами виноваты в том, что они ведут одинокую жизнь? **о.** Что можно изменить, исправить в жизни пенсионеров? И как? **п.** Когда вы будете пенсионером(-кой), какую жизнь вы собираетесь вести? **р.** До какого возраста вы хотели бы дожить? **с.** Стоит ли жить до ста, ста пятидесяти лет? **т.** Как вы чувствуете себя в компании пожилых людей? **у.** Когда вы волнуетесь?

*12. Су́мки одина́ковые? — Ле́вая бо́льше.
— Да, одина́ковые.
— Нет, пра́вая краси́вее.

а.  б.  в.

*13. По суббо́там я **ча́ще всего́** хожу́ в дискоте́ку, **иногда́** в кино́, **ре́дко** хожу́ к друзья́м и́ли принима́ю госте́й, **почти́ никогда́** не смотрю́ телеви́зор, **раз в два ме́сяца** я е́зжу за́ город.

а. А вы? б. На десе́рт я ем... в. На рабо́ту я е́зжу... г. Я провожу́ о́тпуск... д. По вечера́м я... е. По телеви́дению я смотрю́... ж. В о́тпуске я...

*14. Среди́ западногерма́нских газе́т большу́ю роль игра́ет «Бильд-Ца́йтунг».
— Среди́ западногерма́нских ма́рок автомоби́лей «По́рше» игра́ет небольшу́ю роль.

а. па́ртии/социа́л-демократи́ческая па́ртия б. города́/Мю́нхен в. футбо́льные клу́бы/«Форту́на Дюссельдо́рф» г. теа́тры/Га́мбургер Шаушпильха́ус д. газе́ты/«Фра́нкфуртер Ру́ндшау»

*15. Возмо́жно ли бу́дет рабо́тать лишь пять часо́в в день?
— Вероя́тно, э́то бу́дет возмо́жно, так как в индустриа́льно ра́звитых стра́нах оди́н рабо́тник с по́мощью маши́н де́лает доста́точно за пять часо́в в день.
— Э́то не то́лько возмо́жно, но необходи́мо бу́дет рабо́тать пять часо́в в день, ина́че не бу́дет доста́точно рабо́чих мест.
— В при́нципе э́то бу́дет возмо́жно, но лишь че́рез мно́го лет.
— Нет, э́то не бу́дет возмо́жно.

а. Возмо́жно ли усво́ить материа́л одного́ уче́бного го́да за́ три ме́сяца? б. Возмо́жно ли бу́дет долете́ть из Москвы́ в Ирку́тск за час? в. ... созда́ть кла́ссы с десятью́, пятна́дцатью шко́льниками? г. ... жить до ста пяти́десяти лет? д. ... жить без войн?

*16.
> Женская одежда касается мужчин (мужей) и женщин (жён) в одинаковой степени.
> — ... касается больше женщин (жён).
> — ... касается меньше мужчин (мужей).

а. политика **б.** мужская мода **в.** отметки детей **г.** уборка квартиры **д.** детская одежда **е.** цены на продукты **ж.** литература **з.** выбор рабочего места **и.** научные исследования **к.** время отпуска **л.** приглашение друзей

*17.
> Что касается моды, то я надеваю, что мне нравится, даже если это не модно.
> — ... я надеваю то, что будет модным через несколько месяцев.
> Что касается футбола, я смотрю матчи каждое воскресенье.
> — ... я читаю результаты в газете по понедельникам. Это всё.
> — ... я сам охотно играю, если это возможно, а результатами я совсем не интересуюсь.

а. политика **б.** дружеский вечер **в.** погода **г.** спектакль «Дядя Ваня» **д.** программа телевидения на сегодня **е.** художественная литература **ж.** мой отец **з.** отпуск в этом году

У ка́ждого ви́да тра́нспорта свои́ преиму́щества   9А

В СССР расстоя́ния больши́е. Поэ́тому ва́жно, что́бы перево́зки сто́или как мо́жно деше́вле.
Са́мый дешёвый тра́нспорт — во́дный. Одна́ко мно́гие ме́стности нахо́дятся далеко́ от море́й и больши́х рек. Кро́ме того́, ре́ки и большинство́ сове́тских морски́х порто́в зимо́й замерза́ют.
Бо́льше всего́ гру́зов перево́зится по Во́лге, а та́кже по Днепру́, Се́верной Двине́, а в Сиби́ри — по О́би, Енисе́ю, Ле́не. Велико́ и движе́ние грузовы́х и пассажи́рских судо́в по кана́лам: кана́лу и́мени Москвы́, Во́лго-Донско́му и́мени В. И. Ле́нина, Во́лго-Балти́йскому и по иску́сственным моря́м, со́зданным рука́ми челове́ка.
Пассажи́ры по́льзуются речны́м тра́нспортом гла́вным о́бразом там, где нет желе́зных доро́г и́ли куда́ нельзя́ полете́ть самолётом. Кро́ме того́, сама́ по себе́ пое́здка на речно́м су́дне насто́лько прия́тна, что привлека́ет мно́го отдыха́ющих. В после́дние го́ды пассажи́ров перево́зят быстрохо́дные речны́е суда́ на подво́дных кры́льях. Наприме́р, из Го́рького в Каза́нь на тако́м су́дне мо́жно добра́ться быстре́е, чем по желе́зной доро́ге.
Шоссе́йные и желе́зные доро́ги мо́жно стро́ить почти́ везде́ и чуть ли не в любо́м направле́нии. Желе́зные доро́ги мо́гут перевози́ть о́чень мно́го гру́зов. Перево́зка грузовика́ми обхо́дится во мно́го раз доро́же, чем по желе́зной доро́ге. Де́ло в том, что расхо́ды по перево́зке желе́зной доро́гой распределя́ются на бо́льшую ма́ссу гру́за, чем при перево́зке грузовико́м. Перево́зка одно́й то́нны гру́за, наприме́р, из Москвы́ в Росто́в-на-Дону́ (приблизи́тельно 1200 км) обхо́дится желе́зным доро́гам в 20 раз деше́вле, чем перево́зка одно́й то́нны гру́за на то же расстоя́ние грузовико́м (по шоссе́йным доро́гам). На грузовика́х вы́годно перевози́ть гру́зы на коро́ткие расстоя́ния (до 50 км). Скоропо́ртящиеся гру́зы — о́вощи, фру́кты, живу́ю ры́бу — вы́годно везти́ грузовико́м и на больши́е расстоя́ния, так как автомоби́ль позволя́ет доста́вить их быстре́е, чем желе́зная доро́га. Лу́чше затра́тить больши́е сре́дства на перево́зку и получи́ть груз в сохра́нности, чем затра́тить ме́ньше и вы́бросить пото́м значи́тельную часть гру́за, испо́ртившуюся в пути́.
Са́мый бы́стрый вид тра́нспорта — возду́шный, хотя́ и са́мый дорого́й. Наприме́р, из Москвы́ в Хаба́ровск по́ездом на́до е́хать почти́ неде́лю, а самолётом мо́жно долете́ть за во́семь часо́в. Таки́м о́бразом, вы мо́жете сэконо́мить не́сколько дней. Зада́ча рабо́тников тра́нспорта — наилу́чшим о́бразом испо́льзовать осо́бенности ка́ждого ви́да тра́нспорта, загрузи́ть ка́ждый вид тра́нспорта те́ми перево́зками (гру́зами), кото́рые ему́ наибо́лее подхо́дят.

Удельный вес видов транспорта в грузообороте в 1976 году в процентах:

железнодорожный	60,65
морской	14,0
речной	4,1
автомобильный народного хозяйства	6,6
нефтепроводный	14,6
воздушный	0,05

Удельный вес видов транспорта в пассажирообороте 1976 года в процентах:

железнодорожный	40,4
морской	0,3
речной	0,8
автомобильный	41,7
воздушный	16,8

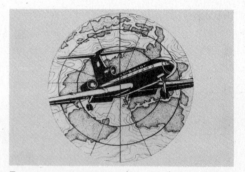

Грузооборот всех видов транспорта за годы советской власти возрос в 63 раза, в 1976 году составил 5,4 триллиона ткм и увеличился по сравнению с предыдущим годом на 4,5 %.
грузооборот всех видов транспорта общего пользования / млрд. тонно-километров /

	1946 г.	1970 г.	1975 г.	1976 г.
железнодорожного	420,7	2494,7	3234,0	3295,1
морского	24,9	656,1	730,2	758,9
речного	36,1	174,0	221,6	222,8
автомобильного транспорта народного хозяйства	3,8	281,7	665,8	794,6
воздушного	0,02	1,9	2,6	2,7

Перевозки пассажиров транспортом общего пользования за годы советской власти увеличились в 239 раз. В 1976 году пассажирооборот достиг 779 млрд. пассажиро-километров и возрос по сравнению с предыдущим годом на 4,3 %.
перевозки пассажиров транспортом общего пользования / в мил. чел. /

	1946 г.	1970 г.	1975 г.	1976 г.
железнодорожным	1377	2930	3471	3545
морским	9,7	38,5	51,5	49,6
речным	73,4	145	161	145
автомобильным (автобусы)	590	27344	36501	37857
воздушным	0,4	71,4	98	100,9

Уде́льный вес ви́дов тра́нспорта в грузооборо́те в 1976 году́ в проце́нтах без учёта морско́го тра́нспорта в ФРГ		Уде́льный вес ви́дов тра́нспорта в пассажирооборо́те 1976 го́да в проце́нтах без учёта морско́го и речно́го тра́нспорта в ФРГ	
железнодоро́жный	32,2	железнодоро́жный	32,3
речно́й	24,04	автомоби́льный (авто́бусы)	59,8
автомоби́льный	36,00		
нефтепрово́дный	7,6		
возду́шный	0,1	возду́шный	7,9

Грузооборо́т всех ви́дов тра́нспорта в миллиа́рдах то́нно-киломе́тров			
	1913 г.	1975 г.	1976 г.
	В Герма́нской импе́рии	В Федерати́вной Респу́блике Герма́нии	
железнодоро́жного	67,51	57,25	61,43
речно́го		47,56	45,80
автомоби́льного		59,32	68,60
нефтепрово́дного		13,8	14,49
возду́шного		0,153	0,19

Перево́зки пассажи́ров тра́нспортом в миллио́нах челове́к			
железнодоро́жным	1798	1079	1025
автомоби́льным (авто́бусы)		6792	6556
возду́шным		28	29

Табли́цы взя́ты с постоя́нной вы́ставки наро́дного хозя́йства Сове́тского Сою́за ВДНХ (Вы́ставка достиже́ний наро́дного хозя́йства СССР) в Москве́.

9B

1. möglichst, so ... wie möglich

> Ва́жно, что́бы перево́зки сто́или **как мо́жно деше́вле**.
> Верни́сь **как мо́жно скоре́е**.
> Возьми́ **как мо́жно бо́льше** веще́й.
> Оши́бок должно́ быть **как мо́жно ме́ньше**.

2. Superlativ der Adjektive (→ 6B2)

Neben den Formen mit **наибо́лее** gibt es auch die Formen

a) mit **са́мый**

> **Са́мый бы́стрый** вид тра́нспорта — возду́шный (vgl. наибо́лее бы́стрый).
> Но он и **са́мый дорого́й**.
> Со́ня вы́брала **са́мую дорогу́ю** ю́бку.

b) наи- (ohne бо́лее) + Komparativ (→ 4B1a)

> Зада́ча рабо́тников тра́нспорта — **наилу́чшим** о́бразом испо́льзовать осо́бенности ка́ждого ви́да тра́нспорта.
>
> **наибо́льший** — са́мый большо́й   **наилу́чший** — са́мый хоро́ший
> **наиме́ньший** — са́мый ма́ленький   **наиху́дший** — са́мый плохо́й

c) *bester,* verschiedene Möglichkeiten

Лу́чший kann neben *besserer* auch *bester* bedeuten. Der Zusammenhang entscheidet.

> Она́ показа́ла себя́ с **лу́чшей** стороны́.
> **Лу́чшее** в своём ро́де, **лу́чший** из нас, **са́мое лу́чшее**, **са́мый хоро́ший**, **наилу́чший**, **са́мое наилу́чшее**

3. те, кото́рые — тот, кото́рый

G		без **тех** рабо́тников, котор́ ...
D		дать **тем** рабо́тникам, котор́ ...
A		поздра́вить **тех** рабо́тников, котор́ ...
A		оста́вить до́ма **те** кни́ги, котор́ ...
P		купи́ть **в тех** магази́нах, котор́ ...
I		загрузи́ть **те́ми** перево́зками, котор́ ...
A	Ez	поздра́вить **того́** рабо́тника, котор́ ... (→ 4B5)

4. Partizip der Vorzeitigkeit Aktiv

Мы вы́бросили пото́м значи́тельную часть гру́за, испо́рти**вш**уюся в пути́. = ..., кото́рая испо́ртилась в пути́.
Я спроси́л специали́ста, уже́ сде́ла**вш**его э́ту рабо́ту.

Dieses Partizip wird vom Stamm der Vergangenheit und des Infinitivs (hauptsächlich vom vollendeten Aspekt) gebildet.

Sonderformen:

вы́расти	**вы́росший**, -ая
привезти́	**привёзший**, -ая
привле́чь	**привлёкший**, -ая
провести́	**прове́дший**, -ая
замёрзнуть	**замёрзший**, -ая
привы́кнуть	**привы́кший**, -ая
ути́хнуть	**ути́хший**, -ая
понести́, принести́	**понёсший, принёсший**, -ая
прийти́, войти́	**прише́дший, воше́дший**, -ая

u. a. Verben mit der Wurzel -йти (im Infinitiv)

дости́чь	дости́гший, -ая
умере́ть	уме́рший, -ая
съесть	съе́вший, -ая
упа́сть	упа́вший, -ая
помо́чь	помо́гший, -ая

Verben, deren Stamm auf einen Konsonanten endet, verlieren das в aus dem Kennzeichen -вш- für das Partizip der Vorzeitigkeit Aktiv.

5. Art: вид, о́браз, род, тип

Он до́лжен подгото́виться к своего́ **ро́да** экза́мену.
род заня́тий
У ка́ждого **ви́да** тра́нспорта свои́ преиму́щества.
вид спо́рта
Зада́ча рабо́тников тра́нспорта — **наилу́чшим о́бразом** испо́льзовать осо́бенности ка́ждого ви́да тра́нспорта.
Таки́м о́бразом, полете́в самолётом, вы мо́жете сэконо́мить не́сколько дней.
меня́ть **о́браз жи́зни, о́браз мы́слей**
каки́м о́бразом, сле́дующим о́бразом, гла́вным о́бразом
тип самолёта, краси́вый **тип** лица́

6. Prozentangaben

4,1 %	Четы́ре (це́лых) и одна́ деся́тая (часть) проце́нта.
60,65 %	Шестьдеся́т (це́лых) и шестьдеся́т пять со́тых (часте́й) проце́нта.
9,2 %	Де́вять (це́лых) и две деся́тых (ча́сти) проце́нта.
1,3 %	Одна́ (це́лая) и три деся́тых (ча́сти) проце́нта.
2,4 %	Две (це́лых) и четы́ре деся́тых (ча́сти) проце́нта.

aber:
2,0 %	Два проце́нта.
21,0 %	Два́дцать оди́н проце́нт.
7,0 %	Семь проце́нтов.

9C

1. Иди́те бы́стро! — Стара́йтесь идти́ как мо́жно быстре́е.
Приходи́те ра́но! — Стара́йтесь приходи́ть как мо́жно ра́ньше.

а. игра́ть хорошо́ **б.** говори́ть ма́ло **в.** быть стро́гим(-ой) **г.** говори́ть свобо́дно **д.** зако́нчить рабо́ту ско́ро **е.** переходи́ть у́лицу осторо́жно **ж.** говори́ть гро́мко **з.** меня́ть пла́ны ре́дко **и.** слу́шать ра́дио ча́сто

*2. Вы хоти́те быть здоро́вым (-ой). — Стара́йтесь кури́ть как мо́жно ме́ньше.
Вы хоти́те вы́учить ру́сский язы́к. — Стара́йтесь приходи́ть на заня́тия как мо́жно ча́ще.

а. сдать экза́мен **б.** наслажда́ться жи́знью **в.** попа́сть на спекта́кль **г.** отдыха́ть **д.** сэконо́мить де́ньги

*3. Самолёт — са́мый бы́стрый вид тра́нспорта.
Сове́тский Сою́з — са́мая больша́я страна́ в ми́ре.

а. ... са́мый дорого́й вид тра́нспорта. **б.** ... са́мая краси́вая маши́на. **в.** ... са́мый опа́сный вид тра́нспорта. **г.** ... са́мая дорога́я гости́ница в на́шем го́роде. **д.** Са́мую краси́вую же́нскую оде́жду в на́шем го́роде мо́жно купи́ть ... **е.** Са́мый тру́дный предме́т, по-мо́ему, ... **ж.** Са́мый лёгкий предме́т, по-мо́ему, ... **з.** Са́мая лу́чшая переда́ча на́шего телеви́дения ... **и.** Са́мое высо́кое зда́ние на́шего го́рода ... **к.** Са́мый большо́й стадио́н в на́шей стране́ ... **л.** Са́мый коро́ткий ме́сяц го́да ... **м.** Са́мая кру́пная газе́та в на́шей стране́ ... **н.** Са́мый прекра́сный го́род в на́шей стране́, по-мо́ему, ... **о.** Са́мый удо́бный вид тра́нспорта ...

*4.

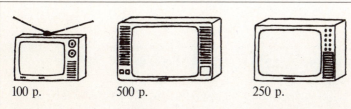

100 р. 500 р. 250 р.

Ле́вый телеви́зор — са́мый дешёвый (из э́тих трёх телеви́зоров).
Сре́дний телеви́зор — са́мый дорого́й. Пра́вый доро́же ле́вого и деше́вле сре́днего.
Я охо́тно пла́ваю. А охотне́е всего́ я чита́ю. А наиме́нее охо́тно я игра́ю в ша́хматы.

а. биле́т на бале́т 2 р. 50 коп., 3 р., 2 р./дорого́й, дешёвый **б.** Га́мбург, Берли́н, Варша́ва, Москва́/восто́чный **в.** «Штерн», «Квик», «Шпи́гель»/интере́сный **г.** Норве́гия, По́льша, Румы́ния/далёкий, бли́зкий; ю́жный, се́верный **д.** бифште́кс, ры́ба, борщ, шашлы́к/вку́сный **е.** игра́ть в насто́льный те́ннис, ходи́ть на вечера́, рабо́тать в саду́, ходи́ть в музе́и/охо́тно; ча́сто, ре́дко

*5. Цугшпи́тце — са́мая высо́кая гора́ ФРГ.
Пари́ж — са́мый большо́й го́род Фра́нции.

а. Москва́ **б.** Гросгло́кнер **в.** Каспи́йское мо́ре **г.** Мю́нхенская телевизио́нная ба́шня **д.** Во́лга **е.** Ве́на **ж.** «Роллс-Ройс»

*6. Вы́бросьте те газе́ты, кото́рым бо́лее ме́сяца.
Займи́тесь те́ми ви́дами спо́рта, кото́рые вам подхо́дят.

а. Оста́вьте то́лько те кни́ги, ... **б.** Переда́йте приве́т тем знако́мым, ... **в.** Я был(а́) в тех города́х, ... **г.** Объясни́те план тем рабо́тникам, ... **д.** Поздра́вьте тех спортсме́нов, ... **е.** По́льзуйтесь то́лько те́ми ру́чками, ...

*7. Я чита́л(а) рома́н. — Тот, о кото́ром писа́ли в газе́те?
Я игра́л(а) со шко́льниками. — С те́ми, о кото́рых писа́ли в газе́те?

а. Я слы́шал(а) по ра́дио но́вую пе́сню. **б.** Я ви́дел(а) сове́тских спортсме́нов. **в.** Я обрати́лся(лась) к специали́стам. **г.** Прие́хала неме́цкая делега́ция. **д.** Я привёз(ла́) вам сувени́р. **е.** Я рабо́таю на но́вом заво́де. **ж.** Я разгова́ривал(а) с профе́ссором. **з.** Я познако́мился(лась) с сове́тскими врача́ми. **и.** Я поблагодари́л(а) молоды́х люде́й.

8. Кто пе́рвая в ми́ре же́нщина, соверши́вшая в ию́не 1963 го́да полёт в ко́смос на косми́ческом корабле́ «Восто́к-6»?
— Э́то В. В. Терешко́ва.
Кто изве́стный португа́льский морепла́ватель, откры́вший морско́й путь в И́ндию? — Э́то Ва́ско да Га́ма.

а. Кто сове́тский космона́вт, соверши́вший 12 апре́ля 1961 го́да пе́рвый в ми́ре полёт в ко́смос на косми́ческом корабле́ «Восто́к»? **б.** Кто норве́жский путеше́ственник, в 1947 году́ проплы́вший на плоту́ «Кон-Ти́ки» с пятью́ спу́тниками 8 ты́сяч киломе́тров в ю́жной ча́сти Ти́хого океа́на от Перу́ до о́строва Туамо́ту в Полине́зии?

в. Кто французы, изобретшие в 1895 году кинематограф?   **г.** Кто итальянский путешественник, долго живший в Китае и первым из европейцев давший его описание?   **д.** Кто мореплаватель, открывший в 1492 году Антильские острова и берега Центральной и Южной Америки?   **е.** Кто норвежский путешественник, первым достигший Южного полюса в 1911 году?
Марко Поло, Тур Хейердал, Колумб, Ю. А. Гагарин, Руаль Амундсен, братья Люмьеры

9. Некоторые фрукты испортились во время перевозки. — Надо выбросить эти испортившиеся фрукты.
Часть молока испортилась во время перевозки. — Надо выбросить испортившееся молоко.

а. масло   **б.** хлеб   **в.** рыба   **г.** шпроты   **д.** сыр   **е.** мясо

10. Один студент опоздал. — Кто опоздавший студент?
Рабочие загрузили грузовик. — Кто рабочие, загрузившие грузовик?

а. Некоторые дети пользовались этой машиной.   **б.** Некоторые работники бросили курить.   **в.** Некоторые спортсмены уже достигли шестидесяти лет.   **г.** Один студент сохранил фотографии.   **д.** Одна студентка уже вошла в зал.   **е.** Секретарь-машинистка написала это письмо.   **ж.** Немецкий студент принёс немецкий журнал.   **з.** Администратор разбудил меня.   **и.** Одна студентка пригласила меня.

11. Я говорил(а) с сотрудником, который опоздал на работу. — Я говорил(а) с сотрудником, опоздавшим на работу.
Я ходил(а) на вечер, который устроили студенты. — Я ходил(а) на вечер, устроенный студентами.

а. Гражданин Сидоров накричал на гражданку Х, которая задела его сумкой.   **б.** Студент очень обрадовался подарку, который сделала ему Надя.   **в.** Надя искала подарок для молодого студента, который пригласил её на день рождения.   **г.** На Север послали молодого инженера, который только что женился.   **д.** В бумажнике было письмо, которое Борис ещё не прочитал.   **е.** Вор, который вытащил бумажник из моего кармана, прислал нам этот пакет.   **ж.** Ведущий взял интервью у доярки, рекордсменки и писательницы, которые были приглашены в телестудию.   **з.** В учительской собрались советские и немецкие коллеги, которые побывали на нескольких уроках.   **и.** Парень надел брюки, которые он только что купи́л. **к.** У Ва́ли бы́ло де́вять рубле́й, кото́рые она́ сэконо́мила за про́шлый ме́сяц. **л.** Милиционе́р обрати́лся к молодо́й же́нщине, кото́рая перешла́ у́лицу в непопо́женном ме́сте.

14. Прочита́йте сле́дующие проце́нтные чи́сла:

а. 9,62% **б.** 1,2% **в.** 10,7% **г.** 82,17% **д.** 3,3% **е.** 54,91% **ж.** 41,34% **з.** 112,4% **и.** 27,1% **к.** 36,48% **л.** 61% **м.** 75,14% **н.** 92% **о.** 17%

*12. Уде́льный вес автомоби́льного тра́нспорта наро́дного хозя́йства в грузооборо́те в 1976 году́ превыша́ет уде́льный вес речно́го тра́нспорта лишь на два с полови́ной проце́нта. Зато́ уде́льный вес морско́го тра́нспорта намно́го бо́льше, чем уде́льный вес речно́го и автомоби́льного тра́нспорта. Но наибо́льшее коли́чество гру́зов в 1976 году́ перевози́лось в Сове́тском Сою́зе по желе́зной доро́ге, а и́менно 60,65 %. На самолётах пока́ перевози́лось по сравне́нию с други́ми ви́дами тра́нспорта о́чень ма́ло гру́зов: то́лько 0,05 % всех гру́зов, перевезённых в Сове́тском Сою́зе в 1976 году́. Бы́стро развива́ется нефтепрово́дный тра́нспорт. Поэ́тому его́ уде́льный вес, наве́рное, намно́го превы́сит в ближа́йшее вре́мя уде́льный вес морско́го тра́нспорта.

Объясни́те други́е табли́цы. Сравни́те сове́тские да́нные с соотве́тствующими да́нными ФРГ, ГДР, Швейца́рии, А́встрии.

*13. Предста́вьте себе́, что вы рабо́тник(ница) сове́тского тра́нспорта. Вам сле́дует наилу́чшим о́бразом испо́льзовать осо́бенности ка́ждого ви́да тра́нспорта, загрузи́ть ка́ждый вид тра́нспорта те́ми гру́зами, кото́рые ему́ наибо́лее подхо́дят. Реши́те сле́дующие зада́чи и оправда́йте свои́ реше́ния.

а. На́до перевезти́ обору́дование из Ленингра́да на Ле́ну. **б.** ... све́жие фру́кты из Кишинёва в Ленингра́д. **в.** ... све́жие фру́кты из Сре́дней А́зии в Хаба́ровск на Да́льнем Восто́ке. **г.** ... холоди́льники из Москвы́ в Казахста́н. **д.** ... сыру́ю сталь с Донба́сса в Толья́тти и Москву́. **е.** ... хлеб из Казахста́на в Сиби́рь. **ж.** ... са́хар с Украи́ны в Ленингра́д и Та́ллин.

*14. Отве́тьте на вопро́сы.

а. Почему́ в СССР осо́бенно ва́жно, что́бы перево́зки сто́или как мо́жно деше́вле? **б.** Како́й вид тра́нспорта са́мый бы́стрый? **в.** Како́й вид тра́нспорта са́мый дешёвый? **г.** Каки́е недоста́тки у са́мого дешёвого тра́нспорта? **д.** По каки́м ре́кам перево́зится бо́льше всего́ гру́зов на речны́х суда́х? **е.** И по каки́м кана́лам? **ж.** По каки́м ре́кам и кана́лам перево́зится бо́льше всего́ гру́зов в ва́шей стране́? **з.** Почему́ сове́тские пассажи́ры по́льзуются речны́м тра́нспортом? **и.** Вы по́льзовались (по́льзуетесь) речны́м тра́нспортом? Если да, где и почему́? **к.** Как сле́дует перевози́ть фру́кты? И почему́? **л.** Како́й вид тра́нспорта са́мый дорого́й? **м.** Когда́ вы по́льзуетесь (по́льзовались) желе́зной доро́гой? И почему́? **н.** Когда́ вы по́льзуетесь автомаши́ной? И почему́? **о.** Почему́ автомоби́ль позволя́ет доставля́ть проду́кты быстре́е, чем желе́зная доро́га? **п.** Почему́ вы́годно перевози́ть грузовико́м гру́зы на коро́ткие расстоя́ния? **р.** В ва́шей стране́ вы́годно по́льзоваться возду́шным тра́нспортом? **с.** Како́й вид тра́нспорта, на ваш взгляд, са́мый удо́бный?

15. Переведи́те.

> Otto-Hahn-Schule — шко́ла и́мени О́тто Ха́на.
> Кана́л и́мени В. И. Ле́нина — Leninkanal

а. Albert-Schweitzer-Schule **б.** Max-Planck-Institut **в.** Heinrich-Hertz-Schule **г.** Педагоги́ческий институ́т и́мени Ге́рцена **д.** Университе́т дру́жбы наро́дов и́мени Патри́са Луму́мбы **е.** Julius-Leber-Schule **ж.** Karl-Marx-Universität **з.** Schiller-Theater **и.** теа́тр и́мени Вахта́нгова

10А

Н. НОСОВ
ТРИ
ОХОТНИКА

Жи́ли-бы́ли три весёлых охо́тника: дя́дя Ва́ня, дя́дя Фе́дя и дя́дя Кузьма́. Вот пошли́ они́ в лес. Ходи́ли, ходи́ли, мно́го ра́зных звере́й ви́дели, но ни одного́ не уби́ли. И реши́ли отдохну́ть. Се́ли на зелёной траве́ и ста́ли расска́зывать друг дру́гу ра́зные интере́сные слу́чаи.

Дя́дя Ва́ня рассказа́л вот что:
— Я раз в лесу́ испуга́л медве́дя. Бы́ло э́то ле́том. Пошёл я в лес, а ружьё до́ма оста́вил. Вдруг навстре́чу медве́дь. Я от него́ побежа́л. А он за мной. Я бегу́ бы́стро, ну а медве́дь ещё быстре́е. Слы́шу, уже́ за мое́й спино́й. Стра́шно мне ста́ло. Я оберну́лся, снял с головы́ ша́пку и бро́сил ему́. Медве́дь на мину́тку останови́лся, поню́хал ша́пку и опя́ть за мной. Чу́вствую, опя́ть догоня́ет. А до до́ма ещё далеко́. Снял я на ходу́ ку́ртку и бро́сил медве́дю. Ду́маю: «Хоть на мину́тку задержу́ его́». Ну, медве́дь разорва́л ку́ртку, ничего́ съедо́бного не нашёл и сно́ва за мной. Пришло́сь мне бро́сить ему́ и брю́ки, и сапоги́. Ничего́ не поде́лаешь: от зве́ря-то на́до спаса́ться. Вы́бежал я из ле́са в одно́й ма́йке и труси́ках. Тут впереди́ ре́чка и мо́стик че́рез неё. Не успе́л я перебежа́ть че́рез мо́стик, как вдруг что-то затреща́ло. Огляну́лся я, а э́то мо́стик под медве́дем слома́лся. Медве́дь упа́л в ре́чку. «Ну, — ду́маю, — так тебе́ и на́до, а то пуга́ешь люде́й зря».
То́лько под мо́стиком бы́ло неглубоко́. Не утону́л медве́дь. Вы́лез он на бе́рег и в лес обра́тно ушёл.
То́лько как мне тепе́рь домо́й идти́? На у́лице лю́ди уви́дят, что я чуть ли не го́лый, и на́ смех подни́мут. И реши́л: посижу́ здесь в куста́х, а когда́ стемне́ет, пойду́ домо́й. Наконе́ц, ве́чером добра́лся до до́ма. Хоте́л дверь откры́ть, а ключа́-то у меня́ нет. Ключ у меня́ в карма́не лежа́л, в ку́ртке. А ку́ртку-то я медве́дю бро́сил. Что де́лать? Попро́бовал дверь вы́ломать, а дверь кре́пкая. «Ну, — ду́маю, — не замерза́ть же но́чью на у́лице». Вы́ставил стекло́ и поле́з в око́шко. Вдруг меня́ кто-то за́ ноги схвати́л и кри́кнул:
— Держи́те его́! Вор! Держи́те!
Сра́зу лю́ди сбежа́лись отку́да-то:
— В мили́цию его́ на́до! В мили́цию!
Я говорю́:
— За что же меня́ в мили́цию? Я ведь в свой дом лез.
Тут милиционе́р прибежа́л. Все ста́ли ему́ расска́зывать, что случи́лось. Милиционе́р говори́т:
— Ва́ши докуме́нты!
— А каки́е у меня́ докуме́нты? Их медве́дь съел.
— Вы бро́сьте шути́ть. Как э́то медве́дь съел?

Я хотел было рассказать, но никто и слушать не стал. «Ну, — думаю, — беда». Тут на шум соседка тётя Даша из своего дома вышла. Увидела меня и говорит:
— Отпустите его. Это же наш сосед, дядя Ваня. Он в самом деле в этом доме живёт.
Милиционер поверил и отпустил меня. Народ разошёлся по домам. А на другой день я купил себе новый костюм, шапку и сапоги.
Дядя Федя и дядя Кузьма посмеялись над этим рассказом. А потом все трое пошли домой.
Дядя Ваня сказал:
— Хорошо мы поохотились, правда? И зверя ни одного не убили, и весело время провели. Пусть звери разные мирно в лесу живут.

(По Н. Носову)

Гусь и журавль

Пла́вает гусь по пруду́ и гро́мко разгова́ривает сам с собо́й:
— Кака́я я, пра́во, удиви́тельная пти́ца. И хожу́-то я по земле́, и пла́ваю по воде́, и лета́ю по во́здуху, нет друго́й тако́й пти́цы на све́те.
Послу́шал гуся́ жура́вль и говори́т:
— Пра́во ты, гусь, глу́пая пти́ца. Ну уме́ешь ли ты пла́вать как щу́ка, бе́гать как оле́нь и́ли лета́ть как орёл?
Лу́чше уме́ть что́-нибудь одно́, да хорошо́, чем всё, да пло́хо.

(По К. Уши́нскому)

10B

1. Grundzahlen mit Adjektiv und Substantiv

a) Zweizahl im Nominativ und Akkusativ (unbelebt)

Жи́ли-бы́ли три **весёлых** охо́тника.	
Два **молоды́х** экономи́ста	*Adj. im G Mz*
Четы́ре **дороги́х** пла́тья	
Bei weiblichen Substantiven gibt es zwei Möglichkeiten:	
Две **краси́вые** де́вушки	*Adj. im N Mz*
Две **краси́вых** де́вушки	*Adj. im G Mz*

b) Zweizahl und Mehrzahl im Akkusativ (belebt)

Я ви́дел **двух** весёлых охо́тников.	*2–4: Grundzahl im G*
Я ви́дел **трёх** ру́сских учи́тельниц.	*Adj. und Subst.: Zweizahl = Mehrzahl*
Я ви́дел **пять** краси́вых де́вочек.	*ab 5: Grundzahl im A*
Я ви́дел **два́дцать два** сове́тских шко́льника. ...	

c) Zweizahl und Mehrzahl im G, D, I, P

Я познакомилась с **двумя** молод**ыми** экономи́ст**ами**. Я по́дал биле́ты **двум** неме́цк**им** спортсме́н**ам**. Со́ня рассказа́ла о **двух** весёл**ых** охо́тник**ах**. о́коло пяти́ но́в**ых** арти́ст**ов**	*Adj. u. Subst.:* *Zweizahl = Mehrzahl* *Grundzahl, Adj. u. Subst.* *im gleichen Fall*

2. Verben der Bewegung

a) Doppelverben ohne Vorsilben

Die Verben beider Aktionsarten sind unvollendeten Aspekts.

	Aktionsart	
	eingerichtet	mehrgerichtet
gehen	идти́	ходи́ть
fahren	е́хать	е́здить
fliegen	лете́ть	лета́ть
laufen	бежа́ть	бе́гать
schwimmen	плыть	пла́вать
klettern	лезть	ла́зить
tragen	нести́	носи́ть
transportieren	везти́	вози́ть
führen	вести́	води́ть

b) Verben der Bewegung mit Vorsilben

I. Vorsilben, ihre Präpositionen und ihre Bedeutungen

Vorsilbe	Präposition	Bedeutung
в-	в *(+A)*	*hinein-, herein-*
вз-	в, на *(+A)*	*hinauf-, herauf-,*
вы-	из *(+G)*	*hinaus-, heraus-*
до-	до *(+G)*	*bis ... hin-*
за-	в, на *(+A)*, к *(+D)*, за *(+A)*	*kurz hin-, hinter ...*
на-	на *(+A)*	*auf ... treffen*
об-	A-Objekt, вокру́г *(+G)*	*um ... herum-*
от-	от *(+G)*	*sich etwas entfernen/weg-, hin-*
пере-	A-Objekt, че́рез *(+A)*	*über ..., hinüber-*
по-	в, на *(+A)*, к *(+D)*	*los-, weg-, hin-*
под-	к *(+D)*, под *(+A)*	*sich nähern, unter ...*
при-	в, на *(+A)*, к *(+D)*	*hin-, her-*
про-	к *(+D)*, че́рез *(+A)*, ми́мо *(+G)*	*hin-, durch ..., an ... vorbei*
раз- ... ся	по *(+D)*	*in verschiedene Richtungen auseinander-*
с-	с, со *(+G)*	*von ... herunter-, hinunter-*
с- ... ся	в, на *(+A)*	*aus verschiedenen Richtungen zusammen-*
у-	из, с, от *(+G)*	*weg-*

II. Aspektbildung der Verben mit Vorsilbe(n)

Der unvollendete Aspekt wird mit Hilfe der Verben der mehrgerichteten Aktionsart, der vollendete von den Verben der eingerichteten Aktionsart gebildet.

входи́ть/войти́	– *hineingehen*
въезжа́ть/въе́хать	– *hineinfahren*
влета́ть/влете́ть	– *hineinfliegen*
вбега́ть/вбежа́ть	– *hineinlaufen*
вплыва́ть/вплыть	– *hineinschwimmen*
влеза́ть/влезть	– *hinauf-, hineinklettern*
вноси́ть/внести́	– *hineintragen*
ввози́ть/ввезти́	– *hineinfahren (transportieren), importieren*
вводи́ть/ввести́	– *hineinführen*

Jedoch ist bei по- der unvollendete Aspekt ein Verb der eingerichteten Aktionsart ohne Vorsilbe:

идти́/пойти́ — *gehen/hingehen*
éхать/поéхать — *fahren/hinfahren*

Besonderheiten

-з-, -с-: вз-, раз- vor Vokalen und stimmhaften Konsonanten
вс-, рас- vor stimmlosen Konsonanten
взойти́, взлетéть, aber: расходи́ться

-ъ-: въ-
объ-
отъ-   -езжа́ть/-éхать
подъ-
разъ-   -ся
съ-   (-ся)

Die Vorsilben, die auf einen Konsonanten enden, erhalten ein hartes Zeichen vor dem Anlaut е von -езжа́ть, -éхать

-о-: во-
обо-
ото-   -йти́
подо-
разо-   -сь
со-   (-сь)

In Zusammensetzungen mit -идти́ erhalten die Vorsilben, die auf einen Konsonanten enden, ein -о-.

III. Verben der Bewegung mit und ohne Vorsilben — Bewegungen, Zeiten und Aspekte

	Gegenwart	*Vergangenheit*	*Zukunft*	
	ухо́дит выхо́дит	ушёл вы́шел	уйдёт вы́йдет	из до́ма и́з дому
	идёт	шёл	бу́дет идти́	на рабо́ту

106

	Gegenwart	Vergangenheit	Zukunft	
	прихо́дит идёт	пришёл пошёл	придёт пойдёт	} на рабо́ту
	хо́дит прихо́дит ухо́дит	ходи́л приходи́л уходи́л	бу́дет ходи́ть бу́дет приходи́ть бу́дет уходи́ть	} на рабо́ту с рабо́ты
	заезжа́ет[1] (е́здит)	заезжа́л (е́здил)	бу́дет заезжа́ть (бу́дет е́здить)	} в институ́т
	заезжа́ет[1] (е́дет)	зае́хал (пое́хал)	зае́дет (пое́дет)	} в институ́т
	ухо́дит идёт	уходи́л	бу́дет уходи́ть	на рабо́ту в 7 часо́в
Охо́тники	хо́дят	ходи́ли	бу́дут ходи́ть	по́ лесу.

Жура́вль уме́ет хорошо́ лета́ть по во́здуху, но пло́хо хо́дит по земле́.
Пла́вать по воде́ он совсе́м не уме́ет.

IV. Vorsilbe с- mit der Bedeutung *hin- und zurück- mit kurzem Aufenthalt* (→ Bd. 1, 3C12)

unvollendet/vollendet	nicht zu verwechseln mit с- *herunter- (hinunter-)*
ходи́ть/**сходи́ть**	сходи́ть/сойти́
е́здить/**съе́здить**	съезжа́ть/съе́хать
бе́гать/**сбе́гать**	сбега́ть/сбежа́ть
лета́ть/**слета́ть**	слета́ть/слете́ть
u. a.	u. a.

---

[1] за: zusätzliche Bedeutung *auf kurze Zeit*

3. один nur

В одно́й ма́йке	— nur im Unterhemd
В одни́х тру́сиках	— nur in der Unterhose
В су́мке одни́ я́блоки.	— In der Tasche sind nur Äpfel (keine anderen Gegenstände).

	EZ		Mz
	m/s	w	m, s, w
N	оди́н, одно́	одна́	одни́
G	одного́	одно́й	одни́х
D	одному́	одно́й	одни́м
A	оди́н/одного́, одно́	одну́	одни́/одни́х
I	одни́м	одно́й	одни́ми
P	одно́м	одно́й	одни́х

10C

*1. У вас есть но́вые кни́ги? — Да, есть. Две интере́сные (интере́сных) кни́ги.
Вы купи́ли журна́лы? — Да, купи́л(а). Два неме́цких журна́ла.

а. У вас есть но́вые магази́ны? **б.** Вы получи́ли пи́сьма? **в.** У вас но́вые машини́стки? **г.** У вас оста́лись конве́рты? **д.** У вас есть магнитофо́н? **е.** У вас есть но́вые спортсме́нки? **ж.** Вы ходи́ли на конце́рты? **з.** Но́вые суда́ при́были? **и.** Бу́дут ли но́вые переда́чи? **к.** Вы ви́дели арти́стов? **л.** Вы смотре́ли ма́тчи? **м.** Вы сде́лали оши́бку?

2. Вы бы́ли в Ганно́вере? — Да, я е́здил(а) в Ганно́вер на про́шлой неде́ле.
Вы бы́ли на вы́ставке? — Да, я ходи́л(а) на вы́ставку на про́шлой неде́ле.

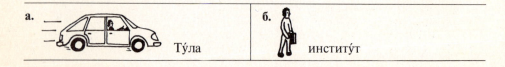

а. Ту́ла   б. институ́т

в. за́ городом
е. Ленингра́д
г. Цю́рих
ж. по́чта
д. апте́ка
з. О́ля была́ в кино́?

3.

Кали́нин
Та́ня в Кали́нине.
Она́ пое́хала в Кали́нин на по́езде.

Вы́ставка
Оле́г был на вы́ставке.
Он ходи́л на вы́ставку пешко́м.

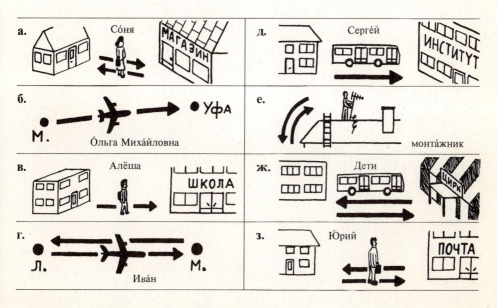

а. Со́ня
б. О́льга Миха́йловна
в. Алёша
г. Ива́н
д. Серге́й
е. монта́жник
ж. Де́ти
з. Ю́рий

4.

Андре́й Ви́кторович хо́дит по па́рку.

Андре́й Ви́кторович е́здит по го́роду.

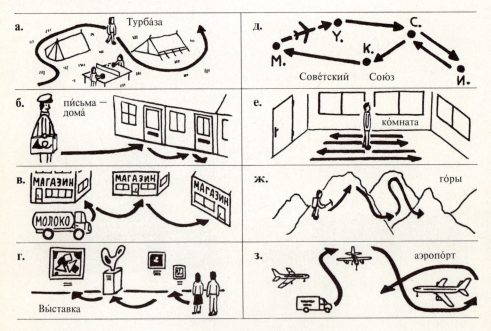

*5. Что они́ де́лают?
(Употреби́те глаго́лы движе́ния.)

а. Покупа́тели хо́дят по магази́ну. б. Монта́жники е́здят по стране́. в. журнали́сты ... г. охо́тники д. тури́сты е. директора́ заво́дов ж. почтальо́ны з. рекордсме́ны и. лётчики-испыта́тели к. экскурсово́ды л. домохозя́йки м. официа́нты н. трактори́сты о. пенсионе́ры п. влюблённые р. ги́ды-перево́дчики

6. Выберите правильную приставку.

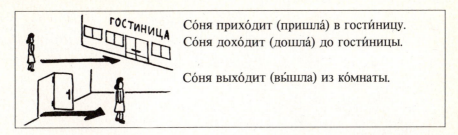

Соня прихо́дит (пришла́) в гости́ницу.
Соня дохо́дит (дошла́) до гости́ницы.

Соня выхо́дит (вы́шла) из ко́мнаты.

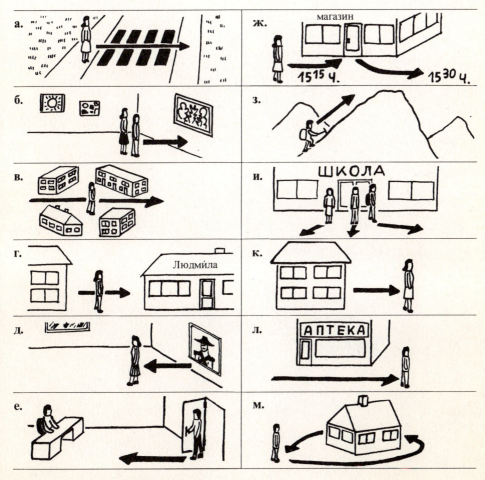

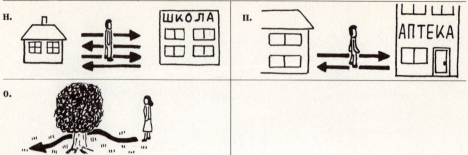

Самолёт взлетéл.
Самолёт взлетáет.

Грузовúк вы́ехал из гаражá.
Грузовúк выезжáет из гаражá.

*8. Нам нужно лекарство. — Сходи, пожалуйста, в аптеку за лекарством.
В Москве будет важное совещание. — Слетай, пожалуйста, в Москву.

а. Нам нужны почтовые марки. **б.** У вас будет матч в Туле. **в.** Съезд врачей в этом году состоится в Иркутске. **г.** У Вовы есть билет на детский спектакль. **д.** У нас нет молока, а в магазине скоро будет обеденный перерыв.

9. Вот что делает Олег за один день.
(Употребите глаголы движения.)

*10. Как вы прово́дите день?
   (Употреби́те глаго́лы движе́ния.)

11. Найди́те подходя́щий глаго́л движе́ния.
    (Предложе́ния взя́ты из предыду́щих те́кстов.)

а. Шко́льники в СССР начина́ют ... в шко́лу с семи́ лет. **б.** Речны́е суда́ ... по Во́лге, а та́кже по Днепру́, Се́верной Двине́ и т. д. **в.** Из Го́рького в Каза́нь на су́дне на подво́дных кры́льях мо́жно ... быстре́е, чем по желе́зной доро́ге. **г.** Скоропо́ртящиеся гру́зы вы́годно ... грузовико́м и на больши́е расстоя́ния. **д.** Наприме́р, из Москвы́ в Хаба́ровск по́ездом на́до ... почти́ неде́лю, а самолётом мо́жно ... за во́семь часо́в. **е.** По́езд ... в ю́жном направле́нии, к бе́регу Чёрного мо́ря. **ж.** Пассажи́ры ... в ваго́н-рестора́н, то ли как в спа́льню, то ли как в душ. **з.** В ле́тние кани́кулы Ва́ля ... в дере́вню к ба́бушке. В пе́рвый же день она́ рассказа́ла о том, что она́ с роди́телями ... в го́роде на но́вую кварти́ру. **и.** А тут до ле́са руко́й пода́ть, мо́жно ... за гриба́ми и за я́годами. **к.** Зате́м я ... на трениро́вки по худо́жественной гимна́стике. **л.** То́лько мы зарегистри́ровались, как Бори́са посыла́ют на Се́вер на полго́да. Он .., а я скуча́ю. **м.** Ли́зочка, ... ко мне́ в го́сти. Бу́дет оди́н ми́лый челове́к, и ... Ко́стя. **н.** Андре́й Петро́вич приглаша́ет меня́ в теа́тр, пото́м в кино́, пото́м на конце́рт, зате́м мы ... на такси́ за́ город. **о.** Я встре́тила челове́ка, без кото́рого не могу́ жить. Он для меня́ всё, и я ... к нему́. **п.** Звоно́к. ... почтальо́н и подаёт Бори́су паке́т. **р.** Он почему́-то не стал ждать и ... **с.** Вдруг милиционе́р уви́дел, что кто́-то ... у́лицу в неположенном ме́сте. Когда́ он ... побли́же к наруши́телю, то уви́дел, что э́то была́ де́вушка необыкнове́нной красоты́. **т.** Я ещё не зна́ю его́ вкус и к тому́ же не зна́ю, ... ли он га́лстуки.

*12. Снача́ла ребёнка во́дит ма́ма, пото́м он сам у́чится ... ...

13. | Я наде́л(а) то́лько ма́йку. — Я был(а́) в одно́й ма́йке. |
    | Я наде́л(а) то́лько пальто́. — Я был(а́) в одно́м пальто́. |

а. руба́шка **б.** брю́ки **в.** пла́тье **г.** тру́сики **д.** костю́м **е.** плащ **ж.** ку́ртка **з.** сви́тер **и.** ю́бка **к.** носки́ **л.** блу́зка

*14. Де́лай уро́ки, а то полу́чишь дво́йку по неме́цкому языку́.
    Оста́вь кни́ги здесь, а то чемода́н бу́дет сли́шком тяжёлым.

а. Сними́ па́льто, а то … **б.** Брось кури́ть, … **в.** взять такси́ **г.** помы́ть посу́ду **д.** побри́ться **е.** есть ме́ньше **ж.** переходи́ть у́лицу в поло́женном ме́сте **з.** наде́ть ша́пку-уша́нку **и.** гото́виться к экза́менам **к.** сесть

*15.
> В ми́ре живёт мно́го люде́й. — В одно́й А́встрии живёт бо́лее семи́ миллио́нов челове́к.
> Существу́ет о́чень мно́го слов. — В одно́м неме́цком языке́ две́сти-три́ста ты́сяч слов.

а. Я уделя́ю мно́го вре́мени спо́рту. (худо́жественная гимна́стика) **б.** Я расхо́дую мно́го де́нег на развлече́ния. (биле́ты в теа́тр) **в.** Я уделя́ю мно́го вре́мени уро́кам. (уроки́ по матема́тике) **г.** Я мно́го занима́юсь с отстаю́щими ученика́ми. (Ко́стя) **д.** Я пишу́ мно́го пи́сем друзья́м. (Бори́с) **е.** Я о́чень ча́сто е́здил(а) в СССР. (Москва́) **ж.** В ми́ре есть мно́го маши́н. (ФРГ)

16. Пра́вильно и́ли непра́вильно?

а. Пошёл я одна́жды в лес и взял с собо́й ружьё. **б.** Вдруг навстре́чу медве́дь. **в.** Я к нему́ побежа́л. **г.** А он за мной. **д.** Он бежи́т бы́стро, а я быстре́е. **е.** Слы́шу, он уже́ за мои́м у́хом. **ж.** Я оберну́лся, снял с головы́ ша́пку и бро́сил ему́. **з.** Чу́вствую, есть ему́ хо́чется. **и.** То́лько как мне тепе́рь идти́ домо́й? На у́лице лю́ди уви́дят, что я замерза́ю, и на́ смех подни́мут. **к.** И реши́л: посижу́ здесь, в куста́х, а когда́ со́лнце взойдёт, пойду́ домо́й. **л.** Хоте́л дверь откры́ть, а дверь слома́лась. **м.** Попро́бовал дверь вы́ломать, а дверь кре́пкая. **н.** Вы́ставил стекло́ и поле́з в око́шко. **о.** Милиционе́р пове́рил и отпусти́л меня́. Наро́д разошёлся по дома́м. **п.** Кака́я я, пра́вда, удиви́тельная пти́ца. И хожу́-то я по земле́, и пла́ваю по во́здуху, и лета́ю по воде́, нет второ́й тако́й пти́цы на све́те.

*17. Отве́тьте на вопро́сы.

а. Вам прихо́дится иногда́ бежа́ть, что́бы успе́ть на авто́бус? **б.** У вас есть трава́ и кусты́ пе́ред до́мом? **в.** Вы прохо́дите ми́мо по́чты по доро́ге на рабо́ту (в шко́лу, учи́лище …)? **г.** Куда́ вы кладёте ключ, когда́ вы ухо́дите на рабо́ту (в шко́лу, учи́лище …)? **д.** Счита́ете ли вы, что э́то хорошо́, когда́ охо́тники убива́ют звере́й в леса́х?

11A Самова́р

Инстру́кция

Как по́льзоваться самова́ром?

ТЕХНИ́ЧЕСКИЕ ДА́ННЫЕ

Основны́е техни́ческие да́нные ва́шего электросамова́ра ука́заны на дне. Приме́р усло́вного обозначе́ния:

ЭС — 3/1 — 220 ова́льный.

Э́то самова́р ёмкостью в три ли́тра, мо́щностью в 1 кВт, напряже́нием в 220 В, ова́льной фо́рмы.

СОБЛЮДА́ЙТЕ СЛЕ́ДУЮЩИЕ ПРА́ВИЛА:

Электросамова́р храни́те в сухо́м отапливаемом помеще́нии. Не включа́йте электросамова́р, рассчи́танный на напряже́ние 127 В, в сеть с напряже́нием 220 В. Не включа́йте в сеть электросамова́р, в кото́ром у́ровень воды́ ни́же электронагрева́теля. Не мо́йте электросамова́р, погружа́я его́ в во́ду. Рекоменду́ется перегоре́вший тру́бчатый электронагрева́тель заменя́ть на предприя́тиях бытово́го обслу́живания.

ПОДГОТО́ВКА К ПЕ́РВОМУ ПО́ЛЬЗОВАНИЮ

В резервуа́р электросамова́ра нале́йте во́ду в коли́честве, ука́занном на дне, включи́те его́ в электросе́ть на 1—2 мину́ты, зате́м вы́ключите на тако́е же вре́мя. Проде́лайте э́то 5—6 раз. Во́ду вскипяти́те и сле́йте че́рез кран, не употребля́я её в пи́щу. По́сле э́того самова́р гото́в к употребле́нию.

ГАРА́НТИЯ

Заво́д гаранти́рует норма́льную рабо́ту электробытовы́х прибо́ров в тече́ние двух лет со дня прода́жи магази́ном. Обме́н и ремо́нт произво́дится в соотве́тствии с де́йствующими пра́вилами обме́на промы́шленных това́ров, ку́пленных в магази́нах.

КАК ПО́ЛЬЗОВАТЬСЯ САМОВА́РОМ?

Вскипяти́в во́ду, завари́те кре́пкий экстра́кт в ма́леньком заварно́м ча́йнике. По́сле того́ как чай настоя́лся, разле́йте зава́рку по ча́шкам и разба́вьте её кипятко́м из самова́ра. Разли́в чай, поста́вьте заварно́й ча́йник на самова́р, что́бы он не осты́л.

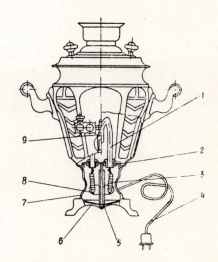

1 = электронагрева́тель, 2 = га́йки, 3 = соедини́тельные провода́, 4 = соедини́тельный шнур, 5 = га́йка, 6 = до́нышко, 7 = но́жка, 8 = конта́кты, 9 = кран.

Чай

Чёрный чай в СССР пьют с сахаром, вареньем, мёдом, лимоном, со сливками или молоком. Летом чай пьют со свежими ягодами: малиной, клубникой, вишней и т. п.

В СССР наиболее распространены лучшие сорта грузинского, азербайджанского и краснодарского чая. Широко известны и импортные чаи из Индии, Китая и Цейлона. В настоящее время жители СССР потребляют до 500 г чая на человека в год.

На чай

Сидели пассажиры в купе и разговаривали.
— Разве дело в гривеннике? — возмущался я. — Нет, дело в принципе. На каком основании я должен давать чаевые? Не у всех есть лишние деньги. Ведь это взятка. Платить за то, что кто-то работает гардеробщиком, таксистом, парикмахером, официантом? Но ведь я не беру с него денег, когда он приходит ко мне в учреждение ...
— Совершенно верно, — поддержала меня пожилая дама, — они тоже получают заработную плату.
— Всё зависит от нас самих, — возразил я, — не надо давать на чай.
— С этим злом надо бороться коллективно, общими усилиями.
В это время дверь открылась. Вошёл проводник и попросил у меня деньги за три выпитых стакана чая. Мелочи у меня не было. Я протянул полтинник со словами: «Сдачи не надо».

(По рассказу Г. Марчика «Кому какое дело?» из «Лит. газета» № 41/1975 г., стр. 16)

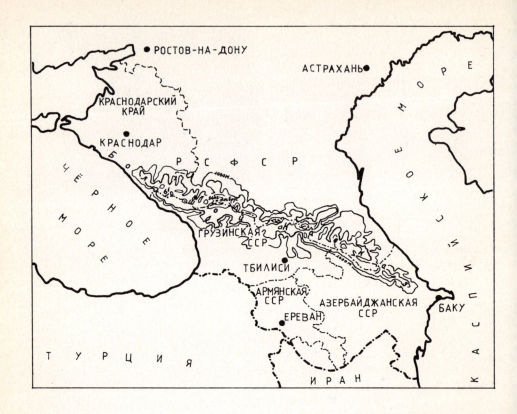

Грузия

Грузия расположена на юго-западе СССР на побережье Чёрного моря в северо-западной и центральной частях Кавказа в двух тысячах километров к югу от Москвы на границе с Турцией. Грузия граничит также с Азербайджанской и Армянской ССР и с РСФСР.
Столица Грузинской ССР — Тбилиси. Население Грузии составляет 4,9 млн. человек.

1. Partizipien

11B

a) Partizip der Gleichzeitigkeit Passiv (unvollendeter Aspekt)

> Электросамова́р храни́те в ота́плива**емом** помеще́нии.
> Я дово́льна ремо́нтом, производ**и́мым** на́шим предприя́тием бытово́го обслу́живания.
> Храни́те проду́кты при рекоменду́**емой** температу́ре.
> Из всех иностра́нных языко́в, преподава́**емых** в сове́тских сре́дних шко́лах, англи́йский явля́ется сейча́с наибо́лее распространённым.
> Догоня́**емый** медве́дем дя́дя Ва́ня броса́ет ему́ ве́щи, что́бы задержа́ть его́ хоть на мину́ту.

b) Die anderen drei Partizipien

– Partizip der Gleichzeitigkeit Aktiv (unvollendeter Aspekt) (→ 7B5.)

> Обме́н и ремо́нт произво́дится в соотве́тствии с де́йству**ющ**ими пра́вилами.

– Partizip der Vorzeitigkeit Aktiv (hauptsächlich vollendeter Aspekt) (→ 9B4.)

> Рекоменду́ется перегоре́**вш**ий нагрева́тель заменя́ть на предприя́тиях бытово́го обслу́живания.

– Partizip der Vorzeitigkeit Passiv (hauptsächlich vollendeter Aspekt) (→ 5B6 + 6B6)

> Нале́йте во́ду в коли́честве, ука́з**анн**ом на дне.
> Основны́е техни́ческие да́нные ука́з**ан**ы на дне.
> Обме́н и ремо́нт промы́шленных това́ров, ку́пл**енн**ых в магази́нах ...

Im folgenden Fall sind die Partizipien gleichbedeutend und daher austauschbar:
Вдруг я уви́дела проезжа́вшую маши́ну.   Partizip der Vorzeitigkeit Aktiv
                                          (uv Aspekt)
            проезжа́ющую маши́ну.   Partizip der Gleichzeitigkeit Aktiv
Bedingung: Verb in der Vergangenheit.

2. Maßangaben

Fassungsvermögen	самова́р	ёмкостью (в) три ли́тра
Stärke	самова́р	мо́щностью (в) оди́н килова́тт
Spannung	самова́р	напряже́нием (в) 220 во́льт
Verbrauch	самова́р	расхо́дом в 200 В/ч
Kurzfassung:	самова́р	в три ли́тра, в оди́н килова́тт
... *lang*	стол	длино́й (в) два ме́тра
... *breit*	стол	ширино́й (в) метр
... *hoch*	стол	высото́й (в) 80 сантиме́тров
... *lang (zeitl.)*	пое́здка	продолжи́тельностью (в) три дня
... *tief*	река́	глубино́й (в) 5 ме́тров
... *groß (Raum)*	помеще́ние	пло́щадью (величино́й) (в) 20 м²
... *stark (Zahl)*	гру́ппа	чи́сленностью (в) 20 челове́к
... *schwer*	чемода́н	ве́сом (в) 50 кг
... *teuer*	пода́рок	сто́имостью (в) 10 руб.
Kurzfassung:		помеще́ние в 20 м², чемода́н в 50 кг, гру́ппа в 20 челове́к, пода́рок в (на) 10 руб.
... *lang, im Verlauf von* ...	... гаранти́рует норма́льную рабо́ту	**в тече́ние двух лет**
... *ab (seit)*	... **со дня прода́жи** магази́ном	

3. Ortsangaben, Grundzahlen im Präpositiv

im Südwesten	на ю́го-за́паде страны́ (на се́веро-восто́ке, ...)
50 km südwestlich von ...	в пяти́десяти киломе́трах к ю́го-за́паду от Москвы́
	в одно́м **киломе́тре**, двух, трёх, четырёх, пяти́, шести́, ... двадцати́, тридцати́, сорока́, пяти́десяти, шести́десяти семи́, ... девяно́ста, ста, двухста́х, ... семиста́х **киломе́трах**, в ты́сяче, двух ты́сячах, ... восьми́ ты́сячах **киломе́тров** (!) ...
am Ufer	на побере́жье Чёрного мо́ря
an der Grenze zu	на грани́це с *(+I)* ...
grenzt an	грани́чит с *(+I)* ...

11C

1. Ведь вы доставля́ете това́ры. — Меня́ спроси́ли о доставля́емых (ва́ми) това́рах.
Ведь вы лю́бите му́зыку Чайко́вского. — Меня́ спроси́ли о люби́мой (ва́ми) му́зыке.

а. сохраня́ть пи́сьма **б.** устра́ивать весёлые вечера́ **в.** испы́тывать сверхзвуково́й самолёт **г.** выбра́сывать журна́лы **д.** рекомендова́ть экску́рсии **е.** наруша́ть пра́вила **ж.** производи́ть ремо́нт **з.** иссле́довать пробле́му

2. Поле́зные сове́ты

а. Электросамова́р на́до храни́ть в ота́пливаемом помеще́нии. **б.** Храни́те проду́кты при ... температу́ре. **в.** Зимо́й мо́жно игра́ть и в ... за́ле. **г.** Е́сли вы́бранного ти́па самова́ра в магази́не нет, то закажи́те ... тип самова́ра. **д.** Да́йте ... (граждани́ну) объясни́ть, почему́ он нару́шил пра́вила. **е.** Пре́жде чем реши́ть вопро́с, подбери́те все «за» и «про́тив» ... вопро́са. **ж.** Не забу́дь во́время пригласи́ть госте́й на ... ва́ми ве́чер. **з.** Уделя́йте вре́мя не то́лько ... предме́ту.

Испо́льзуйте сле́дующие глаго́лы: устра́ивать, люби́ть, ота́пливать, обсужда́ть, рекомендова́ть, жела́ть, обвиня́ть

3. Электронагрева́тель, кото́рый перегоре́л, рекоменду́ется заменя́ть на предприя́тиях бытово́го обслу́живания.
Перегоре́вший электронагрева́тель рекоменду́ется заменя́ть на предприя́тиях бытово́го обслу́живания.
Пассажи́ры, кото́рые сиде́ли в купе́, разгова́ривали.
— Сиде́вшие в купе́ пассажи́ры разгова́ривали.
Э́то пра́вило у́личного движе́ния, кото́рое ча́сто наруша́ется. — Э́то ча́сто наруша́емое пра́вило у́личного движе́ния.

а. Же́нщины ра́зных профе́ссий, кото́рых пригласи́ли в телесту́дию, отве́тили на вопро́сы веду́щего. **б.** На́до вы́бросить те фру́кты, кото́рые испо́ртились во вре́мя пое́здки. **в.** Велико́ движе́ние судо́в по кана́лам и иску́сственным моря́м, кото́рые со́здали ру́ки челове́ка. **г.** Старику́, кото́рый сажа́л я́блони, сказа́ли: «Заче́м же тебе́ э́ти я́блони?» **д.** Все ста́ли расска́зывать милиционе́ру, что случи́лось. **е.** Я побежа́л от медве́дя, кото́рый догоня́л меня́. **ж.** Мы повтори́ли материа́л, кото́рый мы уже́ прошли́. **з.** Разле́йте чай, кото́рый настоя́лся, по ча́шкам.

и. Юрий работает с коллегой, которого он очень уважает. **к.** На съезде, который состоится сейчас в Москве, Виктор Николаевич выступит с докладом.

4.
> Мы выполняем чертёж. — Покажите, пожалуйста, выполняемый вами чертёж.
> Некоторые студенты работают по воскресеньям. — Где студенты, работающие по воскресеньям?
> Мы построили дом. — Покажите, пожалуйста, построенный вами дом.
> Один из наших инженеров выступил во Дворце пионеров. — Кто инженер, выступивший во Дворце пионеров?

а. Чай остыл. — Где ... чай? **б.** Мы разбавили экстракт. — Покажите, пожалуйста, ... **в.** Мы заварили экстракт. — Покажите, пожалуйста, ... **г.** Один из мальчиков включил аппарат. — Где ...? **д.** Мы нашли грибы. — Покажите ... **е.** Аппарат сломался. — Покажите ... **ж.** Мы убрали комнату. — Покажите ... **з.** Один из наших инженеров рекомендует заменить часть. — Где ...? **и.** Нагреватель перегорел. — Покажите ... **к.** Сыр испортился. — Покажите ... **л.** Я проверяю контрольные работы. — Покажите ... **м.** Одна из наших работниц родила девочку. — Где ...?

5. Какая это модель электросамовара? Посмотрите на дно самовара.

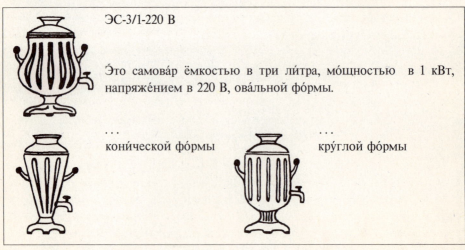

ЭС-3/1-220 В

Это самовар ёмкостью в три литра, мощностью в 1 кВт, напряжением в 220 В, овальной формы.

... конической формы   ... круглой формы

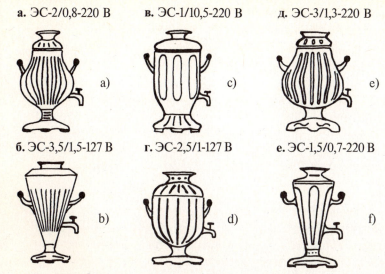

а. ЭС-2/0,8-220 В **в.** ЭС-1/10,5-220 В **д.** ЭС-3/1,3-220 В

б. ЭС-3,5/1,5-127 В **г.** ЭС-2,5/1-127 В **е.** ЭС-1,5/0,7-220 В

*6. а. Каки́е у вас шкафы́? Укажи́те сле́дующие да́нные: ширину́, глубину́, высоту́. — У нас шкаф ширино́й в два ме́тра, ...

б. Каки́е у вас по́лки? Укажи́те сле́дующие да́нные: ширину́, глубину́, высоту́.

в. Каки́е у вас столы́? Укажи́те сле́дующие да́нные: высоту́, ширину́, длину́, фо́рму.

г. Како́й у вас холоди́льник? Укажи́те сле́дующие да́нные: мо́щность, напряже́ние, ёмкость, расхо́д электроэне́ргии, сто́имость.

д. Кака́я у вас плита́? Укажи́те сле́дующие да́нные: напряже́ние, мо́щность, расхо́д электроэне́ргии.

е. Како́й у вас магнитофо́н? Укажи́те сле́дующие да́нные: мо́щность, напряже́ние, ско́рость движе́ния ле́нты (19,05 см/сек., 9,53 см/сек., 4,76 см/сек., 2,38 см/сек.), расхо́д электроэне́ргии, вес, сто́имость.

ж. ... телеви́зор? ...

*7. Как вы оце́ниваете у́ровень ва́ших зна́ний по неме́цкому языку́? — Я счита́ю у́ровень мои́х зна́ний по неме́цкому языку́ недоста́точным (о́чень высо́ким, ни́зким, удовлетвори́тельным, превосхо́дным, ...)
— Я дово́лен(льна) у́ровнем мои́х зна́ний по неме́цкому языку́.

а. А вы? **б.** Как вы оце́ниваете у́ровень ва́ших зна́ний по биоло́гии? **в.** ... по матема́тике? **г.** исто́рия **д.** англи́йский язы́к **е.** обществове́дение **ж.** пра́во **з.** фи́зика **и.** неме́цкая литерату́ра **к.** мирова́я литерату́ра **л.** хи́мия **м.** геогра́фия **н.** ру́сский язы́к **о.** иску́сство

*8. Не включа́йте электросамова́р, рассчи́танный на напряже́ние 127 В, в сеть с напряже́нием 220 В. — Включа́йте электросамова́р, рассчи́танный на напряже́ние 127 В, то́лько в сеть с напряже́нием 127 В.
Включа́йте электросамова́р в сеть то́лько тогда́, когда́ в нём доста́точно воды́. — Никогда́ не включа́йте в сеть электросамова́р, в кото́ром у́ровень воды́ ни́же электронагрева́теля.

а. Не уходи́те без ключа́. **б.** Приходи́те во́время. **в.** Не приноси́те конфе́т. **г.** Обрати́тесь к дире́ктору. **д.** Не заполня́йте анке́ту на неме́цком языке́. **е.** Не надева́йте ша́пку-уша́нку ле́том. **ж.** Не клади́те пальто́ на стул. **з.** Не уходи́те. **и.** Не звони́те поздне́е девяти́ часо́в ве́чера. **к.** Не наруша́йте пра́вила у́личного движе́ния. **л.** Не де́лайте вид, как бу́дто вы не по́няли. **м.** Не тра́тьте де́ньги.

*9. Каки́е гара́нтии вы получа́ете, когда́ вы покупа́ете но́вый электросамова́р? — Заво́д гаранти́рует норма́льную рабо́ту аппара́та в тече́ние двух лет со дня прода́жи магази́ном.
Магази́н ремонти́рует неиспра́вный электросамова́р и́ли, е́сли необходи́мо, обме́нивает электросамова́р, е́сли вы пра́вильно по́льзовались им.

а. Каки́е вы получа́ете гара́нтии, когда́ покупа́ете но́вый холоди́льник? **б.** магнитофо́н **в.** автомоби́ль **г.** фотоаппара́т **д.** прои́грыватель **е.** велосипе́д

*10. Отве́тьте на вопро́сы.

а. Скажи́те, пожа́луйста, где располо́жена федерати́вная земля́ Тиро́ль? **б.** ..., где располо́жена федерати́вная земля́ Шле́звиг-Го́льштейн? **в.** ..., где располо́жен канто́н Граубю́нден? **г.** ... Азербайджа́нская ССР? **д.** ... Армя́нская ССР? **е.** ... Гру́зия? **ж.** ... Краснода́рский край?

*11. Ответьте на вопросы к текстам.

а. Где следует хранить электросамовар? **б.** Что надо сделать, если перегорел электронагреватель? **в.** Как узнать, сколько воды надо налить в резервуар электросамовара? **г.** Как можно слить воду из самовара? **д.** Какие гарантии даёт завод покупателю нового электросамовара? **е.** Что надо сделать, чтобы сварить чай в электросамоваре? Надо налить воду в самовар. И потом? **ж.** Что надо сделать, когда вода в электросамоваре закипит? **з.** Что надо сделать после того, как чай настоялся? **и.** Куда следует поставить чайник? **к.** С чем пьют чай в СССР? **л.** Откуда лучшие сорта чая в Советском Союзе? **м.** Откуда привозят импортные чаи в СССР? **н.** Сколько чая потребляют жители СССР?

*12. Ответьте на вопросы.

а. Какое напряжение в вашей электрической сети? **б.** Сколько чая вы потребляете? **в.** А сколько кофе? **г.** Какие чаи вы пьёте? **д.** Вам хотелось бы купить самовар? **е.** Как вы готовите чай? **ж.** Какие у вас есть электробытовые приборы? **з.** Вы уже отдавали в ремонт электробытовые приборы по гарантии? Расскажите. **и.** Вам уже заменяли электробытовой прибор по гарантии? **к.** Вы даёте чаевые парикмахерам, официантам, гардеробщикам, таксистам, …? **л.** Если да, сколько? **м.** Согласны ли вы с тем, что некоторые люди дают на чай? Один из пассажиров в нашем рассказе считает, что не надо давать чаевых, так как это взятка. **н.** Считаете ли вы, что надо давать чаевые представителям и таких профессий, которые до сих пор их не получали?

12A

Интервью с инспектором ГАИ

— Алексей Петрович, давно вы водите автомобиль?
— Больше тридцати лет. В 1947 году я получил водительские права. Я наездил сотни тысяч километров, не совершил ни одной аварии, никогда преднамеренно не нарушал правила движения.
— Ни одной встречи с инспектором ГАИ?
— Одна-единственная была. Как-то поставил машину, не заметив, что нахожусь в зоне действия запрещающего знака. Инспектор объяснил мне нарушение, а чтобы я лучше помнил правила, сделал прокол в талоне. Надо сказать, что с того дня я стал более внимательным ...
— В чём вы по личному опыту видите секрет безаварийной езды?
— Секрета нет. Не надо ездить со скоростью выше 80 км в час, даже на загородных шоссе.

Не́сколько поле́зных сове́тов из пра́ктики рабо́ты ГАИ́

ЗИ́МНЯЯ ЕЗДА́

Управля́ть маши́ной зимо́й ещё трудне́е, чем в друго́е вре́мя го́да. Осо́бенно опа́сен свежевы́павший снег. Не случа́йно и́менно зимо́й ре́зко увели́чивается число́ столкнове́ний тра́нспортных средств. Наибо́лее опа́сны пешехо́дные перехо́ды и перекрёстки. Доро́га в э́тих места́х осо́бенно ско́льзкая. Зна́я об э́том, снижа́йте ско́рость движе́ния, подъезжа́я к тако́му уча́стку доро́ги. К тому́ же неожи́данный кра́сный свет светофо́ра мо́жет заста́вить вас затормози́ть.

Дви́гаясь по покры́той льдом доро́ге, не дава́йте ре́зко газ, никогда́ не тормози́те, одновреме́нно повора́чивая пере́дние колёса. Пе́ред тем как поверну́ть нале́во и́ли напра́во, зара́нее включи́те соотве́тствующую ни́зшую переда́чу. Не выключа́йте сцепле́ние на поворо́те. Запо́мните та́кже, са́мый лу́чший спо́соб торможе́ния — торможе́ние мото́ром.

Зимо́й трудне́е управля́ть автомоби́лем и потому́, что вы оде́ты в тёплую оде́жду, на нога́х у вас тёплая о́бувь. Поэ́тому, садя́сь за руль, найди́те наибо́лее удо́бную по́зу.

Есте́ственно, необходи́мо уделя́ть повы́шенное внима́ние и пешехо́дам: не рассчи́тывайте на их осторо́жность.

Небольшо́й сове́т води́телям, отправля́ющимся в за́городные пое́здки: име́йте в зи́мнее вре́мя в бага́жнике автомоби́ля лопа́тку и песо́к.

ЛЕ́ТНЯЯ ЕЗДА́

Сове́туем е́здить осторо́жно и ле́том, осо́бенно в ию́не, в нача́ле шко́льных кани́кул. Ко́е-кто из шко́льников уже́ уе́хал в пионе́рский ла́герь, а ко́е-кто из дете́й ещё прово́дит вре́мя в го́роде, дожида́ясь свое́й сме́ны. Когда́ е́дете по у́лице, по́мните, что в любу́ю секу́нду пе́ред ва́шей маши́ной мо́жет появи́ться ребёнок — заигра́лся, побежа́л за мячо́м. И поэ́тому — внима́ние. Осо́бенно, когда́ проезжа́ете ми́мо въе́здов во дворы́, ми́мо па́рков.

Ле́то — э́то та́кже вре́мя велосипеди́стов. Велосипе́д популя́рен у подро́стков. Хоте́лось бы им напо́мнить, что по́льзоваться велосипе́дом при движе́нии на доро́гах разреша́ется лишь тем, кому́ уже́ испо́лнилось 14 лет. И, коне́чно же, велосипе́д до́лжен име́ть испра́вные тормоза́ и звоно́к. Нельзя́ е́здить, не держа́сь за руль, повора́чивать нале́во на доро́ге с трамва́йными путя́ми и на доро́гах, име́ющих бо́лее одно́й полосы́ для движе́ния в одно́м направле́нии.

Води́тель до́лжен име́ть при себе́ удостовере́ние о зна́нии пра́вил доро́жного движе́ния.

О пого́де

Днём 6 ноября́ в Москве́ и о́бласти бу́дет о́блачно, небольшо́й и мо́крый снег, на доро́гах гололе́дица, места́ми тума́н, ве́тер ю́го-за́падный, 3—7 ме́тров в секу́нду, температу́ра 0—2 гра́дуса тепла́.
Тёплая пого́да (0—5 гра́дусов) бу́дет в Му́рманской о́бласти и в Каре́лии. До 5—10 гра́дусов тепла́ повы́сится температу́ра в Эсто́нии, Ла́твии, Литве́ и на за́паде Украи́ны; до 2—7 гра́дусов в Белору́ссии и на за́паде в центра́льной полосе́ Европе́йской ча́сти СССР. Здесь пройду́т небольши́е дожди́. В Молда́вии 8—13 гра́дусов тепла́ без суще́ственных оса́дков, бу́дет дуть восто́чный ве́тер.
На Се́верном Кавка́зе 1—6 гра́дусов тепла́ без оса́дков; 11—16 гра́дусов тепла́ ожида́ется на Черномо́рском побере́жье Гру́зии. Здесь бу́дет свети́ть со́лнце.
Похолода́ет в Узбекиста́не и Таджикиста́не, в предго́рных райо́нах пройдёт снег, температу́ра не превы́сит 5—7 гра́дусов тепла́, на се́вере 2—5 гра́дусов тепла́.
В доли́нах Кирги́зии днём о́коло нуля́, места́ми гололёд.
Сла́бые моро́зы ожида́ются на за́паде Казахста́на.
В Алта́йском кра́е и в Новосиби́рской о́бласти снег, мете́ль, 0—5 гра́дусов моро́за. На БА́Ме преиму́щественно без оса́дков, 3—9 гра́дусов моро́за. На ю́ге Да́льнего Восто́ка 5—10 гра́дусов тепла́, дожди́.

Тольятти

Так называ́ется го́род, располо́женный на ле́вом берегу́ Ку́йбышевского водохрани́лища, близ плоти́ны Во́лжской ГЭС им. В. И. Ле́нина. До 1964 го́да э́тот го́род называ́лся Ста́врополь и был пото́м переимено́ван в па́мять Пальми́ро Тольятти, бы́вшего де́ятеля италья́нского и междунаро́дного рабо́чего движе́ния.
Го́род был осно́ван в 1738 году́. В середи́не 50-х годо́в на́шего ве́ка при сооруже́нии Во́лжской ГЭС им. В. И. Ле́нина он попа́л в зо́ну затопле́ния её водохрани́лища и был по́лностью перенесён на но́вое ме́сто.
Тольятти — речно́й порт. В нём прожива́ет бо́лее 500 ты́сяч жи́телей. Тольятти — ва́жный промы́шленный центр. Большо́е значе́ние для разви́тия го́рода име́ло строи́тельство (1967—72 гг.) Во́лжского автомоби́льного заво́да, где выпуска́ются маши́ны ма́рки «Жигули́». В капиталисти́ческие стра́ны моде́ли э́той ма́рки продаю́тся под назва́нием «Ла́да» (Ла́да — в наро́дной поэ́зии возлю́бленный, -ая).

12B 1. Wortbildung: -heit, -keit — -ость

осторо́жн → ый → ость	– *vorsichtig* – *Vorsicht*	опа́сн → ый → ость	– *gefährlich* – *Gefahr*
тру́дн → ый, -ая → ость	– *schwierig* – *Schwierigkeit*	возмо́жн → ый, -ая → ость	– *möglich* – *Möglichkeit*
уста́л → ый, -ая → ость	глу́п → ый, -ая → ость	ре́дк → ий, -ая → ость	

2. **Ungenaue Zahlenangaben**

деся́тки маши́н	– *zig Autos*
со́тни книг	– *Hunderte von Büchern*
ты́сячи звере́й	– *Tausende von Tieren*

| о́коло десяти́ челове́к | приме́рно
приблизи́тельно } сто рубле́й |
| часо́в в пять
копе́ек два́дцать
2–7 (два – семь) гра́дусов | бо́льше
свы́ше } тридцати́ лет
ме́ньше пяти́ лет |

3. **те (Mz), кто (Ez)**

...те, кто уча́ствовал...	– ...*diejenigen, die teilgenommen haben*
...тем, кому́ испо́лнилось 14 лет.	– ...*denjenigen, die das 14. Lebensjahr vollendet haben.*
...с те́ми, кто опозда́л.	...те, кто был приглашён.

4. за- ... ся: Zusammenfassung

заговори́ть**ся**	– über dem Sprechen alles andere vergessen
заигра́ть**ся**	– über dem Spielen alles andere vergessen

5. Verbote, Erlaubnisse: Zusammenfassung

Verbote		*Erlaubnisse*	
Запреща́ется Воспреща́ется Не на́до Нельзя́ Запрещено́ Не поло́жено	переходи́ть у́лицу в э́том ме́сте.	Разреша́ется Разрешено́ Мо́жно Мо́жешь (мо́жете)	перейти́ у́лицу в том ме́сте.

6. Verpflichtungen

Gegenwart	*Vergangenheit*	*Zukunft*
на́до, ну́жно	... бы́ло	... бу́дет
необходи́мо	... бы́ло	... бу́дет
до́лжен, -жна́, -жны́	... бы́л, -а́, -и	... бу́ду, бу́дешь, ...
сле́дует	сле́довало	
обя́зан, -а, -ы	... бы́л, -а́, -и	... бу́ду, бу́дешь, ...
прихо́дится	пришло́сь, приходи́лось	придётся
поло́жено	... бы́ло	... бу́дет
принуждён, -а́, -ы́	... бы́л, -а́, -и	... бу́ду, бу́дешь, ...
заставля́ть/заста́вить принужда́ть/прину́дить	обя́зывать/обяза́ть	обяза́тельный
Приме́ры		

Где мне **нужно (надо)** сходить? **Надо** быть вежливым. **Необходимо** уделять повышенное внимание и пешеходам. Лекарство **должно** быть в шкафу. Вы **должны** пойти на работу. Ему не **следовало** уходить с назначенного места. Советские школьники **обязаны** носить форму? **Пришлось** мне бросить ему и брюки и сапоги.

Положено переходить улицу в этом месте. Это **обязательные** или дополнительные занятия? **Обязательное** обучение.

Красный свет светофора может **заставить (принудить)** вас затормозить. Правила дорожного движения **обязывают** велосипедистов иметь при себе удостоверение о знании правил дорожного движения.

7. Art (→ 9B5)

вид спорта, транспорта — **образ** жизни, мыслей — таким **образом** — **род** занятий — **способ** торможения, употребления лекарства

Способ wird mit Handlungssubstantiven verbunden.

8. помнить mit und ohne Vorsilben

А чтобы я лучше **помнил** правила, инспектор ГАИ сделал прокол в талоне.
помнить — *behalten, ohne zu vergessen; sich erinnern*

Запомните также, что самый лучший способ торможения — торможение мотором.
запоминать/запомнить — *sich merken*

Хотелось бы им **напомнить,** что пользоваться велосипедом разрешается лишь тем, кому исполнилось 14 лет.
напоминать/напомнить — *jemanden erinnern an*

Легко сказать — завтра. Николай Александрович **вспомнил** длинную очередь в приёмной.
вспоминать/вспомнить — *sich an etwas erinnern, was man vergessen hat*

9. **нельзя** — a) man darf nicht — b) man kann nicht

> **Нельзя переходи́ть** у́лицу в неположенном ме́сте.
> — Man **darf nicht** ... *(unvollendet)*
>
> Э́ту зада́чу **реши́ть нельзя**.
> — Man **kann nicht** ... *(vollendet)*
> **Нельзя жить** без воды́.
> — Man **kann nicht** ... *(unvollendet)*
>
> In der Bedeutung *man darf nicht* steht нельзя + *unvollendeter Aspekt*.
> In der Bedeutung *man kann nicht* steht gewöhnlich нельзя + *vollendeter Aspekt*. Bei Handlungen, die überwiegend mit dem unvollendeten Aspekt dargestellt werden, entscheidet der Kontext.

10. **Vorsilbe на-**

> Я **на**е́здил со́тни ты́сяч киломе́тров. — *auf verschiedenen Fahrten „zusammenfahren" (größere Mengen)*
> Ско́лько молока́ вы **на**дои́ли от одно́й коро́вы? — *bei verschiedenen Melkungen „zusammenmelken" (größere Mengen)*
> Ebenso: наговори́ть, набра́ть, наде́лать, накупи́ть, налета́ть u. a.

12C

*1. В ма́леньком магази́не бы́ло мно́го наро́да, не́сколько деся́тков челове́к (покупа́телей).
В теа́тре бы́ло дово́льно мно́го наро́да, не́сколько со́тен челове́к (зри́телей).
В ваго́не-рестора́не бы́ло немно́го наро́да, челове́к шесть (пять — во́семь челове́к, о́коло десяти́ челове́к, ...).

а. В рестора́не бы́ло ... наро́да, ...   **б.** На стадио́не ...   **в.** На по́чте ...   **г.** В библиоте́ке ...   **д.** В кино́ ...   **е.** В самолёте ...   **ж.** В авто́бусе ...

*2.

> В про́шлом году́ я ходи́л(а) в кино́ дово́льно ча́сто, не́сколько деся́тков раз.
>
> Лю́ди в СССР живу́т дово́льно до́лго, в сре́днем се́мьдесят-се́мьдесят пять лет.
>
> В про́шлом году́ мы затра́тили на отопле́ние мно́го де́нег, ма́рок девятьсо́т.

а. Я нае́здил(а) на автомоби́ле . . . киломе́тров, . . .   **б.** Во вре́мя о́тпуска я сде́лал(а) . . . фотогра́фий, . . .   **в.** В Гру́зии живёт . . . челове́к, . . .   **г.** Во дворе́ шко́лы бы́ло . . . велосипе́дов, . . .   **д.** У меня́ . . . книг, . . .   **е.** Ба́бушка живёт (жила́) от нас . . .   **ж.** Трёхко́мнатная кварти́ра у нас в го́роде сто́ит . . .   **з.** В Москве́ живёт . . .   **и.** У меня́ . . . пласти́нок, . . .   **к.** В моём бума́жнике . . . де́нег, . . .   **л.** Я ждал(а) у ка́ссы магази́на самообслу́живания . . . до́лго, . . .   **м.** Я е́зжу по автостра́де . . . бы́стро (ме́дленно), со ско́ростью . . .   **н.** Я пишу́ пи́сьма дру́гу (подру́ге) . . . ча́сто (ре́дко), . . .   **о.** Я хожу́ на стадио́н . . . , . . .   **п.** Я вы́шел(шла) и́з дому . . . ра́но (по́здно), . . .

3. Вста́вьте оди́н из сле́дующих глаго́лов: по́мнить, вспомина́ть/вспо́мнить, запомина́ть/запо́мнить, напомина́ть/напо́мнить

а. Никола́й Алекса́ндрович . . . дли́нную о́чередь в приёмной.   **б.** Инспе́ктор ГАИ объясни́л мне наруше́ние, а что́бы я лу́чше . . . пра́вила, сде́лал проко́л в тало́не.   **в.** Хоте́лось бы . . . подро́сткам, что по́льзоваться велосипе́дом разреша́ется лишь тем, кому́ испо́лнилось 14 лет.   **г.** . . . , са́мый лу́чший спо́соб торможе́ния — торможе́ние мото́ром.   **д.** Я не зна́ю, где лека́рство. Кто из вас ещё . . . , где лека́рство?   **е.** Я до́лго не мог найти́ письмо́. Я поду́мал и наконе́ц . . . , куда́ я положи́л его́.

*4. Вста́вьте «да́же» и́ли «и́менно».

> И́менно зимо́й опа́сно е́здить на маши́не.
>
> Да́же в го́роде необходи́мо име́ть в своём бага́жнике лопа́тку и песо́к.

а. . . . подъезжа́я к перекрёстку, на́до снижа́ть ско́рость.   **б.** Чай вку́сный . . . с лимо́ном.   **в.** . . . милиционе́р до́лжен соблюда́ть пра́вила доро́жного движе́ния.   **г.** . . . у домохозя́ек ма́ло свобо́дного вре́мени.   **д.** . . . в го́роде есть мно́го возмо́жностей для развлече́ний.   **е.** . . . зимо́й мо́жно хорошо́ отдохну́ть.   **ж.** . . . пожилы́е лю́ди мо́гут занима́ться спо́ртом.   **з.** . . . в настоя́щее вре́мя ва́жно, что́бы все занима́лись спо́ртом.

5. Выберите правильный вариант.

I. Секрет безаварийной езды заключается в том, что даже на загородных шоссе не надо ездить со скоростью **а)** выше 100 км   **б)** выше 90 км   **в)** выше 80 км   **г)** ниже 60 км.

II. Алексей Петрович наездил **а)** десятки тысяч километров.
  б) сотни тысяч километров.
  в) несколько тысяч километров.
  г) сто тысяч километров.

III. Алексей Петрович получил права в **а)** 1970 г.
  б) 1937 г.
  в) 1947 г.
  г) 1957 г.

IV. Алексей Петрович **а)** не совершил ни одной аварии.
  б) совершил только три аварии.
  в) совершил одну-единственную аварию.
  г) не совершил ни одной аварии после того, как инспектор ГАИ сделал прокол в талоне.

V. Алексей Петрович **а)** никогда не нарушал правила движения.
  б) раз только преднамеренно нарушил правила движения.
  в) никогда преднамеренно не нарушал правила движения.

VI. С того дня, как инспектор ГАИ сделал прокол в талоне Алексея Петровича, он стал **а)** более внимательным.
  б) более вежливым.
  в) более осторожным.
  г) более любезным.

*6. Ответьте на вопросы к текстам.

а. Почему водить машину зимой ещё труднее, чем в другое время года?   **б.** Какие участки дорог зимой наиболее опасны? И почему?   **в.** Что надо сделать, чтобы избежать аварий (несчастных случаев, столкновений)?   **г.** Что надо делать, прежде чем поехать на машине зимой?   **д.** Почему водителям надо ездить очень осторожно во время школьных каникул?   **е.** Какие места особенно опасны?   **ж.** Кто больше всех пользуется велосипедом?

*7. У нас «Жигули́». Э́то пятиме́стная маши́на мо́щностью в шесьдеся́т лошади́ных сил (45 кВт) с максима́льной ско́ростью 140 км/ч, с четырьмя́ дверя́ми, с резервуа́ром в пятьдеся́т ли́тров, с расхо́дом бензи́на оди́ннадцать ли́тров на сто киломе́тров, четырёхцили́ндровым дви́гателем объёмом приме́рно в 1200 см³, ве́сом в пусто́м ви́де в 1000 кг, ширино́й в 1,5 м, длино́й в 4 м, высото́й в 1,40 м, зелёного цве́та. **А у вас кака́я маши́на?**

*8. Води́тель не заме́тил э́тот знак. Предупреди́те его́: «Григо́рий Васи́льевич, вы, наве́рное, не заме́тили знак, обознача́ющий, что запрещён въезд всем ви́дам тра́нспорта. Останови́тесь».

Води́тель не заме́тил э́тот знак:

а. б. в. г. д. е. ж.

*9. Я (за)меня́ю ши́ны свое́й маши́ны че́рез ка́ждые три́дцать ты́сяч киломе́тров. **А вы?**

а. пли́ты тормозо́в **б.** стеклоочисти́тели **в.** ма́сло **г.** батаре́я **д.** ла́мпочки

*10. Отве́тьте на сле́дующие вопро́сы.

а. Вы давно́ во́дите автомоби́ль? **б.** Когда́ вы получи́ли права́? **в.** Ско́лько киломе́тров вы нае́здили? **г.** Ско́лько у вас бы́ло ава́рий? **д.** Каки́е у вас бы́ли ава́рии? **е.** Вы когда́-нибудь наруша́ли пра́вила доро́жного движе́ния? **ж.** Вы э́то де́лали преднаме́ренно? **з.** Вы име́ли тогда́ де́ло с мили́цией (поли́цией)? **и.** Каки́е вы ви́дели столкнове́ния (несча́стные слу́чаи)? **к.** Е́сли вы спеши́те и не сра́зу нахо́дите свобо́дное ме́сто, вы ста́вите свою́ маши́ну в зо́не де́йствия запреща́ющего зна́ка? **л.** Согла́сны ли вы с Алексе́ем Петро́вичем? Вы то́же счита́ете, что секре́т безава́рийной езды́ заключа́ется в том, что не на́до е́здить со ско́ростью вы́ше 80 км? **м.** В чём вы ви́дите секре́т безава́рийной езды́? **н.** Что де́лает полице́йский в ФРГ (...), когда́ он ви́дит маши́ну, поста́вленную в зо́не де́йствия запреща́ющего зна́ка?

*11. Какие из следующих мер, на ваш взгляд, позволяют снизить число дорожных аварий?

а. Ограничить максимальную скорость вне населённых пунктов до 80 км/ч.
б. Ограничить максимальную скорость внутри населённых пунктов до 50 км/ч.
в. Известно, что 40% аварий происходит по вине очень молодых водителей. Поэтому лучше давать права лишь с двадцати пяти лет. **г.** Строить более широкие дороги. **д.** Производить технический контроль чаще, например, раз в год. **е.** Обязать водителей автомобилей пристёгивать ремни безопасности во время езды.

12. Подготовьтесь к экзамену по Правилам дорожного движения. Выберите правильные ответы на заданные вопросы к следующей таблице, взятой из учебника для будущих водителей.

Вопросы	Ответы				
	1	2	3	4	5
Водитель какого транспорта начинает движение первым?	Автобуса 3 и автомобиля 4	Автобуса 3	Автомобиля 4	Автомобиля 1	Мотоцикла 2
Водитель какого транспорта начинает движение вторым?	Автомобиля 1	Мотоцикла 2	Автобуса 3	Автобуса 3 и автомобиля 4	Автомобиля 4
Водитель какого транспорта начинает движение третьим?	Автомобиля 1		Мотоцикла 2	Автомобиля 4	Автобуса 3
В каком направлении может продолжать движение водитель мотоцикла 2?	Прямо	Направо	Во всех направлениях	Прямо и направо	
В каком направлении может продолжать движение водитель автобуса 3?	Прямо	Направо	Прямо и направо	Во всех направлениях	Направо, прямо и налево
В каком направлении может продолжать движение водитель автомобиля 4?	Прямо, налево и в обратном направлении	Прямо	Налево	Прямо и налево	Во всех направлениях

Перекресток нерегулируемый
Движение двухрядное

1 — автомобиль в первом ряду
2 — мотоцикл в первом ряду

*13. Нельзя́ де́лать уро́ки, одновреме́нно слу́шая му́зыку.
Нельзя́ пое́хать в СССР, не получи́в ви́зу зара́нее.

а. Нельзя́ води́ть маши́ну, … **б.** Нельзя́ тормози́ть, … **в.** Нельзя́ по́льзоваться электросамова́ром, … **г.** Нельзя́ поступи́ть в университе́т, … **д.** Нельзя́ ремонти́ровать электробытово́й прибо́р, …

14. Некоторые термины и знаки, относящиеся к погоде.

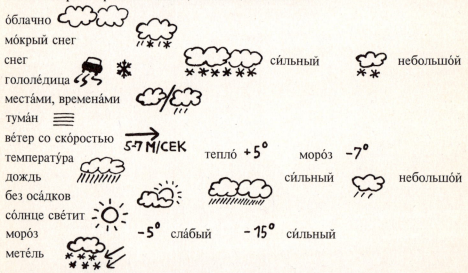

*15. Расскажи́те о пого́де у вас а) вчера́, б) сего́дня.
Кака́я пого́да ожида́ется на сле́дующие су́тки?

16.

Вчера́	Сего́дня	
− 5°	− 8°	Похолода́ло (холода́ет).
0°	− 5°	Потепле́ло (тепле́ет).
0°	0°	Температу́ра оста́лась о́коло нуля́ (остаётся).

а. − 20°/− 26° **б.** − 15°/− 9° **в.** − 4°/− 2° **г.** − 1°/+ 1° **д.** − 19°/− 21° **е.** − 20°/− 12° **ж.** + 12°/+ 7°

*17. Ответьте на вопросы о погоде в СССР согласно карте.

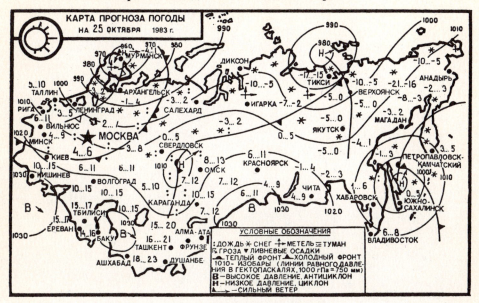

а. Какой будет погода в Москве и области? б. Какой ветер будет дуть в Москве и области? в. Где будет светить солнце? г. Где выпадет снег? д. Где будут дожди? е. Где будет гололёд (туман, самая тёплая погода, метель)? ж. Где будут самые сильные морозы?

13А Телефо́нные разгово́ры

1. — Алло́. Э́то ты, Воло́дя?
   — Да.
   — Э́то говори́т Тама́ра. Здра́вствуй.

2. — Серге́й Трофи́мович?
   — Да.
   — Здра́вствуйте. С ва́ми говори́т Маргари́та Петро́вна.

3. — Алло́. Э́то спра́вочное бюро́? Бу́дьте добры́, да́йте, пожа́луйста, но́мер телефо́на Ри́ммы Алекса́ндровны Семёновой. У́лица Толсто́го, дом 6, кварти́ра 12.

4. — Алло́. Э́то кварти́ра Семёновых?
   — Да, кто вам ну́жен?
   — Бу́дьте любе́зны, позови́те к телефо́ну Ри́мму Алекса́ндровну.
   — Одну́ мину́тку.

   — Да, я слу́шаю.
   — Ри́мма Алекса́ндровна?
   — Саве́лий Миха́йлович? Я вас сра́зу узна́ла по го́лосу. О́чень хорошо́, что вы позвони́ли. Я уж сама́ собира́лась звони́ть.

5. — Алло́. Э́то ты, Андре́й?
   — Нет.
   — Попроси́те, пожа́луйста, Андре́я.
   — Андре́я нет до́ма. Мо́жет быть, ему́ что́-нибудь переда́ть?
   — Нет, спаси́бо. Я позвоню́ попо́зже.
   — Пожа́луйста, звони́те.

6. — Я слу́шаю.
   — Же́ня, э́то ты?
   — Нет, това́рищ, вы не туда́ попа́ли.
   — Извини́те, пожа́луйста, э́то 40-36-07?
   — Нет, вы непра́вильно набра́ли но́мер.

7. — Товарищ Соловьёв?
— Да, я слушаю.
— С вами говорят из редакции газеты «Комсомольская правда», отдел экономики.

8. — Это международная?
— Да.
— Я хочу заказать разговор с Гамбургом.
— Хорошо. Откуда будете говорить?
— Из гостиницы «Националь», номер 107, телефон 237-97-41.
— Пожалуйста, скажите код и номер телефона в Гамбурге.
— 040/59-65-32.
— Простите, я не расслышала.
— Я повторяю: 040/59-65-32.
— Сколько минут будете говорить?
— 5 минут.
— Спасибо. Ваш заказ принят. Мы вам позвоним в течение часа.
— Благодарю вас.

МИНИСТЕРСТВО СВЯЗИ СССР

КРАТКИЙ ТЕЛЕФОННЫЙ СПРАВОЧНИК

1977

ИЗДАТЕЛЬСТВО «СВЯЗЬ»
МОСКВА

ТЕЛЕФОНЫ СПЕЦИАЛЬНОГО ВЫЗОВА

ПРИ ПОЖАРЕ	01
МИЛИЦИЯ	02
СКОРАЯ МЕДИЦИНСКАЯ ПОМОЩЬ	03
МОСГАЗ аварийная служба	04
МОСГОРСПРАВКА	05
МЕЖДУГОРОДНАЯ ТЕЛЕФОННАЯ СТАНЦИЯ	07
СПРАВОЧНАЯ СЛУЖБА	09
МЕЖДУГОРОДНАЯ ОБЛАСТНАЯ ТЕЛЕФОННАЯ СТАНЦИЯ	00

БЮРО РЕМОНТА ТЕЛЕФОНА — см. стр.	279—284
ТЕЛЕГРАФ	225 20 02
Говорящие часы *о повреждении звонить в бюро ремонта Вашего номера телефона*	100
ЕДИНАЯ ЖЕЛЕЗНОДОРОЖНАЯ СПРАВОЧНАЯ	266 90 00

Куда звонить в экстренных случаях

СПРАВКИ: (продолжение)

о заблудившихся детях	235 07 08
об утерянных документах	224 99 57
о забытых вещах:	
в автобусе	233 00 18 доб. 1 39
в метро	222 20 85
в такси	233 42 25
в трамвае и троллейбусе	233 00 18 доб. 1 39

ВЫЗОВ ТАКСИ:

легковых	225 00 00
»	227 00 40
грузовых	256 90 03

О ПОВРЕЖДЕНИИ:

водопровода — см. стр.	276—277
газовой сети — см. стр.	277—278
канализации — см. стр.	276—277
лифта — см. стр.	278—279
освещения, отопления — см. стр.	276—277
радио — см. стр.	279
телефона — см. стр.	279—284
уличного освещения	221 27 45

СПРАВОЧНО-ИНФОРМАЦИОННАЯ СЛУЖБА МОСКОВСКОЙ ГОРОДСКОЙ ТЕЛЕФОННОЙ СЕТИ ВЫЗЫВАЕТСЯ ПО НОМЕРУ «09»

Справочная служба дает справки только о номерах телефонов МГТС и никаких других справок дать не может

Телефонистки справочной службы на вызов отвечают сообщением своего рабочего номера (5-й, 65-й, 109-й и т. д.).

Для получения быстрой и правильной справки о телефоне необходимо ответившей телефонистке назвать:
а) точное наименование учреждения, предприятия или организации, отдел внутри предприятия;
б) точное наименование улицы, переулка и т. д., номер дома и номер квартиры абонента квартирного телефона коллективного пользования;
в) фамилию, имя, отчество и адрес абонента квартирного телефона индивидуального пользования.

Не загружайте телефонисток вопросами, не относящимися к их обязанностям.

Одновременно телефонистка может сообщить абоненту не более двух справок.

При недоразумениях просите телефонистку о соединении со старшей дежурной справочной службы.

По телефону 229 99 00 Вы можете узнать об услугах, предоставляемых абонентам Московской городской телефонной сетью.

Как вас узнать?

Настроение у меня было отличное. Ещё бы: выходной день плюс прекрасная весенняя погода. Что может быть лучше? И, кроме того, меня ожидал романтический разговор с незнакомой девушкой, телефон которой дала мне её приятельница.
И вот в полдень, немного волнуясь, я набрал номер телефона и поздоровался.
— Простите, это Таня? Здравствуйте.
— Да, это я, — подтвердила она, — но, простите, с кем я говорю?
— Меня зовут Леонид, — представился я, — а телефон ваш дала мне Маша.
— Ах, да, — вспомнила Таня, — я совсем забыла. Извините, Лёня. Маша мне рассказывала о вас.
— Скажите, Таня, — а чем вы сегодня занимаетесь?
— Я? — Она на секунду задумалась. — Пока ещё не знаю. А что?
— В таком случае у меня есть предложение: пойти подышать свежим воздухом. Погода такая чудесная! Весна.
— Хорошо, — согласилась Таня, — погода, действительно, замечательная.

— Тогда, — обрадовался я, что не трудно было уговорить её, — давайте где-нибудь встретимся.
— А где? И как я узнаю вас? Я же не знаю, как вы выглядите.
— Я буду ждать возле Казанского вокзала. Скажем, у входа на углу, у крайних левых ворот, напротив киоска «Союзпечать». В руках у меня будет газета.
— Сейчас все с газетами ходят.
— Ну, тогда портфель.
— Тем более, — усмехнулась Таня.
— Хорошо, давайте по внешности попробуем узнать. Я блондин высокого роста в очках. Не толстый и не тонкий. На мне будет плащ.
— Какого цвета плащ?
— Тёмно-синий.
— Это звучит уже лучше.
— А вы далеко от вокзала живёте?
— Нет, минут десять пешком.
— Отлично. А как вы будете выглядеть?
— У меня тёмные длинные волосы. Если будет дуть ветер, то на мне будет красный платок. Одета я буду в белый плащ. И ещё одна деталь: во рту у меня золотой зуб.

13B I. Deklination der Familiennamen auf -ов, -ова, -овы, -ин, -ина, -ины

Это квартира Семёновых. — Дайте, пожалуйста, телефон Семёновой Риммы Александровны. — Я разговаривал по телефону с товарищем Семёновым.

N	Семёнов	Тёркин	Семёнова	Семёновы
G	Семёнова	Тёркина	Семёновой	Семёновых
D	Семёнову	Тёркину	Семёновой	Семёновым
A	Семёнова	Тёркина	Семёнову	Семёновых
I	Семёновым	Тёркиным	Семёновой	Семёновыми
P	Семёнове	Тёркине	Семёновой	Семёновых

Familiennamen auf -ый, -ий, -ой, -ая, -ые, -ие werden wie Adjektive behandelt: Улица Льва Толстого.

2. dessen, deren

> Меня ожидал разговор с девушкой, **телефон которой** дала мне её приятельница.
> Нужен ведущий, **голос которого** звучит хорошо.
> В нашем доме живут супружеские пары, **дети которых** уже переехали в свои квартиры.

3. Personalpronomen im Präpositiv, 1. und 2. Person

> Вы, наверное, Лёня?   Маша рассказывала **о вас**.
> Я Лёня.   Маша рассказывала **обо мне**.
> Ты Лёня?   Маша рассказывала **о тебе**.
> Мы Таня и Лёня.   Маша рассказывала **о нас**.
>   **На мне** будет красный платок.

4. gehören, gehören zu

> Не загружайте телефонисток вопросами, **не относящимися к** их обязанностям.
> Эта машина **принадлежит** директору.
> Гамбург **является частью** ФРГ.
> **При гостинице есть** хороший ресторан.

13C

*1. Позвоните

а. Позвоните знакомому лицу, к которому вы обратитесь на ты.   **б.** ... лицу, к которому вы обратитесь на вы.   **в.** ... в институт. Вы хотите поговорить с директором.   **г.** ... в справочное бюро и спросите какой-нибудь номер телефона.

2. Воспользуйтесь кратким телефонным справочником (московское издание). Какой номер вы наберёте, находясь в Москве, в следующих ситуациях?

а. Вам нужен телефон московского знакомого.   **б.** У вас была авария на дороге.

в. Вы тяжело заболели. **г.** Ваш телефон испортился. **д.** Вы хотите узнать точное время. **е.** Вы хотите позвонить в Дюссельдорф. **ж.** Вам нужно такси.

3.
> Ты спросил(а) Женю? — Нет, я спросил(а) товарища Иванова.
> Ты читал(а) статью Жени? — Нет, я читал(а) статью профессора Иванова.

а. Ты позвонил(а) Жене? **б.** Ты поздравил(а) Женю? **в.** Тебе нравится работа Жени? **г.** Ты разговаривал(а) по телефону с Женей?

4.
> Ты записал(а) адрес Олега? — Нет, я записал(а) только адрес профессора Семёновой.
> Ты читал(а) статью Олега? — Нет, я читал(а) только статью профессора Семёновой.

а. Тебе звонил Олег? **б.** Ты заходил(а) к Олегу? **в.** Ты поздоровался(лась) с Олегом? **г.** Нина рассказала тебе об Олеге? **д.** Ты объяснил(а) случай Олегу? **е.** Ты рассчитываешь на Олега?

5.
> Мне нравится квартира профессора Соловьёвой.
> — А мне нравится квартира Петровых.

а. Я слышал(а) о профессоре Соловьёвой. **б.** Я передал(а) привет профессору Соловьёвой. **в.** Я взял(а) интервью у профессора Соловьёвой. **г.** Я видел(а) профессора Соловьёву. **д.** Мне прислала письмо профессор Соловьёва. **е.** Я попрощался(лась) с профессором Соловьёвой.

6.
> Вы Лёня? — Маша рассказывала о вас.
> Это Витя. — Маша рассказывала о нём.

а. Ты Вера? **б.** Это Борис. **в.** Мы Тамара и Сергей. **г.** Вы госпожа Краузе? **д.** Это Семёновы. **е.** Я Нина. **ж.** Это Таня.

7.
> Сергей не надел пальто. — На нём только тонкая куртка.
> Ты не надел пальто. — На тебе только тонкий плащ.

а. Нина **б.** я **в.** мы **г.** дети **д.** Серёжа **е.** ты **ж.** вы

8. Я позвони́л(а) де́вушке, телефо́н кото́рой мне дала́ Ма́ша.
Я позвони́л(а) журнали́сту, телефо́н кото́рого мне дал Саве́лий.

а. дире́ктор институ́та **б.** Петро́вы **в.** но́вый секрета́рь **г.** Тама́ра и Ви́ктор
д. реда́кция газе́ты «Пра́вда» **е.** администра́тор **ж.** кинотеа́тр «Росси́я»

9. Моя́ сестра́ уже́ прочита́ла э́ти кни́ги. / Я чита́ю те кни́ги, кото́рые моя́ сестра́ уже́ прочита́ла.
Мы рабо́таем по чертежа́м э́того чертёжника. / Я поговори́л(а) с тем чертёжником, по чертежа́м кото́рого мы рабо́таем.

а. Маши́ны э́тих води́телей не́ были в испра́вном состоя́нии. / Инспе́ктор ГАИ сде́лал проко́л в тало́нах ... **б.** Я познако́мился(лась) с преподава́телем. / Преподава́тель, ... мне о́чень понра́вился. **в.** Я давно́ не ви́дел э́того писа́теля. / Я позвони́л писа́телю, ... **г.** Тормоза́ э́той маши́ны не рабо́тают. / Не на́до по́льзоваться маши́ной, ... **д.** Телефо́н э́той де́вушки дала́ мне её прия́тельница. / Я позвони́л(а) де́вушке, ...

*10. Украи́на явля́ется ча́стью Сове́тского Сою́за.
Самова́ры отно́сятся к электробытовы́м прибо́рам.
Трир — го́род в ФРГ.

а. Вестфа́лия **б.** велосипе́ды **в.** биоло́гия **г.** Тиро́ль **д.** Ба́зель **е.** магнитофо́н
ж. Шереме́тьево **з.** пунктуа́льность **и.** истори́ческий институ́т **к.** неме́цкий и ру́сский языки́ **л.** Краснода́рский край **м.** неосторо́жность

*11. **Как вас узна́ть? Опиши́те себя́. Мо́жете воспо́льзоватся сле́дующими выраже́ниями:**

во́лосы: коро́ткие, дли́нные, ре́дкие, гла́дкие, прямы́е, вью́щиеся
цвет воло́с: блонди́н(ка), шате́н(ка) брюне́т(ка), чёрные, ры́жие
ша́пка, шля́па, плато́к: фо́рма, цвет
лоб: высо́кий, ни́зкий
лицо́: кру́глое, углова́тое, ова́льное, ма́ленькое, большо́е, дли́нное, вы́бритое, небри́тое
глаза́: больши́е, ма́ленькие
цвет глаз: ка́рие, чёрные, зелёные, голубы́е, се́рые, си́ние
у́ши: больши́е, ма́ленькие

рот: большо́й, ма́ленький, криво́й, ро́вный
гу́бы: то́лстые, то́нкие, ро́вные, кривы́е
цвет губ (губно́й пома́ды)
нос: дли́нный, коро́ткий, широ́кий, у́зкий, криво́й, ро́вный
ше́я: дли́нная, коро́ткая, то́нкая, то́лстая
пле́чи: широ́кие, у́зкие, прямы́е, кривы́е
ру́ки: дли́нные, коро́ткие, чи́стые, гря́зные
живо́т: большо́й, ма́ленький, сре́дний
но́ги: дли́нные, коро́ткие, кривы́е, ро́вные, краси́вые, то́нкие, то́лстые
оде́жда: плащ, пальто́, ку́ртка, сви́тер, костю́м, руба́шка, блу́зка, пла́тье, брю́ки, ю́бка, чулки́, носки́, га́лстук, пиджа́к
при́знаки: чи́стый, гря́зный, широ́кий, у́зкий, заме́тный, незаме́тный, но́вый, ста́рый, тёмный, све́тлый, дли́нный, коро́ткий, элега́нтный, откры́тый, закры́тый
цвета́: чёрный, бе́лый, жёлтый, кра́сный, се́рый, зелёный, кори́чневый, си́ний, голубо́й, пёстрый и т. д.
рост: (не)высо́кий, сре́дний, ни́зкий

12. Вы́берите пра́вильный вариа́нт.

  I. Настрое́ние у Лёни бы́ло **а)** о́чень хоро́шее.
  б) дово́льно плохо́е.
  в) о́чень плохо́е.
  г) дово́льно хоро́шее.

  II. Его́ ожида́л разгово́р **а)** с Ле́ной.
  б) с Та́ней.
  в) с Ма́шей.
  г) с прия́тельницей Та́ни.

  III. Телефо́н ему́ дал(а́) **а)** сестра́ Та́ни.
  б) прия́тель Та́ни.
  в) мать Та́ни.
  г) подру́га Та́ни.

  IV. **а)** Та́ня сама́ сняла́ тру́бку.
  б) Та́ни не́ было до́ма.
  в) Кто́-то друго́й снял тру́бку и позва́л Та́ню к телефо́ну.
  г) Та́ня была́ занята́ и не подошла́ к телефо́ну.

V. **а)** Лёня боялся, что он не туда попал.
б) Лёня боялся, что он ошибся номером.
в) Лёня боялся, что Тани нет дома.
г) Лёня боялся, что Таня не вспомнит его.

VI. **а)** Таня собиралась в парк с товарищем.
б) Таня должна была подготовиться к экзаменам.
в) Таня ещё не знала, чем заняться.
г) Таня настолько устала, что ей хотелось только спать.

VII. Лёня предложил **а)** посмотреть матч на стадионе.
б) подышать свежим воздухом.
в) послушать пластинки у себя дома.
г) поехать за город на машине.

VIII. Лёня и Таня назначили встречу **а)** у левого выхода вокзала.
б) у средних ворот вокзала.
в) на автобусной остановке перед вокзалом.
г) в кафе напротив вокзала.

IX. **а)** Лёня тонкий.
б) На Лёне куртка.
в) Лёня носит очки.
г) У Лёни тёмные длинные волосы.

X. На Тане будет **а)** белая блузка, **в)** белый платок, **д)** белый плащ,
б) белый свитер, **г)** белое платье, **е)** белая куртка.

XI. **а)** Таня обиделась, что Лёня ей не позвонил.
б) Тане было всё равно, позвонит Лёня или нет.
в) Таня обрадовалась, что Лёня позвонил.
г) Таня чувствовала себя обязанной провести время с Лёней.

*14. Ответьте на следующие вопросы.

а. Кому вы звоните чаще всего? **б.** Ваши знакомые звонят чаще вам или вы им? **в.** Вы волнуетесь, когда вам предстоит позвонить незнакомому (до сих пор) лицу? **г.** Когда вы звоните знакомым, вы долго говорите (разговариваете)? **д.** Вам часто приходится звонить по телефону на работе? **е.** Вы звоните за границу? **ж.** Вы довольны справочной службой вашей телефонной сети? **з.** Вы уже звонили в полицию? **и.** Вы уже вызывали скорую медицинскую помощь?

Л. Н. Толстой

Русский мужик

14A Пётр I и мужик

Встретил царь Пётр мужика́ в лесу́. Мужи́к дрова́ ру́бит. Царь и говори́т: «Бо́жья по́мощь, мужи́к!» Мужи́к и говори́т: «И то мне нужна́ бо́жья по́мощь». Царь спра́шивает: «А велика́ ли у тебя́ семья́?»
— У меня́ семья́ два сы́на да две до́чери.
— Ну невелико́ твоё семе́йство. Куда́ ж ты де́ньги кладёшь?
— А я де́ньги на три ча́сти кладу́: во-пе́рвых, долг плачу́, во-вторы́х, в долг даю́, в-тре́тьих, в во́ду мечу́.

Царь поду́мал и не зна́ет, что э́то зна́чит, что стари́к и долг пла́тит, и в долг даёт, и в во́ду ме́чет.

А стари́к говори́т: «Долг плачу́ — отца́-мать кормлю́; в долг даю́ — сынове́й кормлю́; а в во́ду мечу́ — дочере́й ращу́».

Царь и говори́т: «У́мная твоя́ голова́, старичо́к. Тепе́рь вы́веди меня́ и́з лесу в по́ле, я доро́ги не найду́».

Мужи́к говори́т: «Найдёшь и сам доро́гу: иди́ пря́мо, пото́м сверни́ впра́во, а пото́м вле́во, пото́м опя́ть впра́во».

Царь и говорит: «Я этого не понимаю, ты сведи меня».
— Мне, сударь, водить некогда: нам в крестьянстве день дорого стоит.
— Ну, дорого стоит, так я заплачу.
— А заплатишь — пойдём.
Сели они на лошадь, поехали.
Стал дорогой царь мужика спрашивать: «Далеко ли ты, мужичок, бывал?»
— Кое-где бывал.
— А видал ли царя?
— Царя не видал, а надо бы посмотреть.
— Так вот, как выедем в поле — и увидишь царя.
— А как я его узнаю?
— Все без шапок будут, один царь в шапке.
Вот приехали они в поле. Увидал народ царя — все поснимали шапки. Мужик смотрит, а царя не видит.
Вот он и спрашивает: «А где же царь?»
Говорит ему Пётр Алексеевич: «Видишь, только мы двое в шапках — кто-нибудь из нас да царь».

По Л. Толстому

До бога высоко, до царя далеко.   Русская пословица

Бытовая задача

На одной даче жили трое и пользовались одной кухней.
Гражданка Тройкина положила в общую плиту 3 полена своих дров, гражданка Пятёркина — 5 полен. Жилец Бестопливный, у которого не было своих дров, получил от обеих гражданок разрешение сварить обед на общем огне. Он уплатил соседкам 8 копеек. Как они должны поделить между собой эту плату?
— Пополам, — заявил кто-то. — Бестопливный пользовался их огнём в одинаковой мере.
— Ну, нет, — возразил другой, — кто дал 3 полена, должен получить 3 копейки, а кто дал 5 полен, получает 5 копеек. Вот это будет справедливо. **А как вы думаете?**

Решение

Нельзя считать, как многие делают, что 8 копеек уплачено за 8 полен по одной копейке за штуку. Деньги эти заплачены за третью часть от 8 полен, потому что огнём пользовались трое в одинаковой мере. Чтобы оценить 8 полен, нужно 8 умножить на три, т. е. цена их будет равна 24 коп. Чтобы узнать цену одного полена, нужно разделить 24 на 8, т. е. цена 1 полена равна 3 копейкам. Теперь легко понять, сколько приходится каждому. Пятёркиной за её 5 полен приходится 15 копеек, но она сама воспользовалась плитой на 8 коп., значит, ей остаётся дополучить ещё 15 минус 8, т. е. 7 копеек. Тройкина за свой 3 полена должна получить 9 копеек, а если вычесть с неё 8 копеек за пользование плитой, то получается, что ей будет приходиться всего только 9 минус 8, т. е. 1 коп.

Итак, Пятёркина должна получить 7 копеек, Тройкина — 1 копейку.

14B

1. Некогда, некого ...

Сыграйте со мной в шахматы! — С удовольствием, только мне **некогда** (играть с вами).
Я удивляюсь. — Удивляться тут **нечему**. Это понятно. — *Es gibt nichts, worüber man sich wundern könnte./„Dabei gibt es nichts zum Wundern."*
Играй в волейбол! — С удовольствием, только мне **не с кем** играть в волейбол.

негде	некого	не у кого	нечего	не из чего
некогда	некому	не к кому	нечему	не к чему
некуда	некого	не на кого	нечего	не на что
неоткуда	некем	не с кем	нечем	не с чем
		не о ком		не о чем

2. кое-что, кое-кто, кое-где, ...

Вы ничего не поняли? — Нет, **кое-что** понял(а). — *Dies und das./Manches.*
Вы никуда не ездили? — Нет, я **кое-куда** ездил(а). — *Hierhin und dorthin.*

Далеко́ ли ты быва́л? — **Ко́е-где** быва́л.
Я была́ в институ́те. Я поговори́ла **ко́е с кем**.

3. по – (je)

8 копе́ек упла́чено за 8 поле́н, **по одно́й копе́йке** за шту́ку.
Нет, упла́чено 24 коп. за 8 поле́н, **по три копе́йки** за шту́ку.
Име́ется 8 я́блок и 8 челове́к. Мо́жно дать ка́ждому **по я́блоку**.
Нас 10 челове́к. Мо́жно соста́вить две гру́ппы **по пять челове́к**.
Je 1: по + D (одному́, одно́й) – Je 2 und mehr: по + A

4. Rechenarten

x	мно́жить, умножа́ть/умно́жить	–	вычита́ть/вы́честь
:	дели́ть/раздели́ть	+	прибавля́ть/приба́вить

2 x 4 = 8 — Два **умно́жить на** четы́ре **равно́** (**равня́ется**) восьми́ (D).
                                             полу́чится, бу́дет во́семь (N).
88 : 4 = 22 — Во́семьдесят во́семь **раздели́ть на** четы́ре **равно́** двадцати́ двум.
5 − 2 = 3 — Пять **ми́нус** два **равно́** трём. И́ли: Е́сли **вы́честь из** пяти́ два, то **полу́чится** три.
2 + 3 = 5 — Два **плюс** три **равно́** пяти́. И́ли: Е́сли **приба́вить** к двум три, то **полу́чится** пять.

5. Sammelzahlwörter (→ 5B5, 8B5)

То́лько мы **дво́е** в ша́пках.
Огнём по́льзовались **тро́е** в одина́ковой ме́ре. (alleinstehend)

In beiden Fällen könnte man nicht die entsprechenden Grundzahlen benutzen.

6. leihen, ausleihen

Geld	давáть/дать в долг	} *– verleihen*
Gegenstände zum Gebrauch	давáть/дать напрокáт	
Geld	брать/взять в долг	} *– entleihen*
Gegenstände zum Gebrauch	брать/взять напрокáт	

Я дал(á) брáту в долг сто рублéй.
Мой товáрищ взял напрокáт велосипéд.
Мы взя́ли у сестры́ в долг двéсти рублéй.
Мы взя́ли напрокáт фортепья́но.

7. **Dativ der großen Grundzahlen: 40 — ...**

N/A	D	N/A	D
сóрок	сорокá	сто	ста
пятьдеся́т	пяти́десяти	двéсти	двумстáм
шестьдеся́т	шести́десяти	три́ста	трёмстáм
...	...	четы́реста	четырёмстáм
девянóсто	девянóста	пятьсóт	пятистáм
		...	...

N/A	D
ты́сяча, -у	ты́сяче
две ты́сячи	двум ты́сячам
три ты́сячи	трём ты́сячам
пять ты́сяч	пяти́ ты́сячам
...	...

8. **vorsichtiger Wunsch, vorsichtiger Hinweis auf Notwendigkeit**

хорошó бы, неплóхо бы, нáдо бы *(+ Inf.)*

Погóда хорóшая. **Хорошó бы поéхать** зá город.
Царя́ не видáл, а **нáдо бы посмотрéть**.

14C

***1.** Поезжа́й с на́ми за́ город. — С удово́льствием, то́лько мне не́когда е́хать за́ город.
Игра́й в ша́хматы. — С удово́льствием, то́лько мне не́ с кем игра́ть в ша́хматы.

а. Отдыха́йте. **б.** Оста́вьте кого́-нибудь здесь. **в.** Ката́йтесь на лы́жах. **г.** Пригото́вьте борщ. **д.** Де́лайте что́-нибудь. **е.** Поста́вьте чемода́н куда́-нибудь. **ж.** Узна́йте где́-нибудь а́дрес. **з.** Возьми́те де́ньги в долг у кого́-нибудь. **и.** Да́йте биле́т кому́-нибудь. **к.** Занима́йтесь че́м-нибудь. **л.** Покорми́те ло́шадь. **м.** Прости́те. **н.** Жени́сь. (Выходи́ за́муж.) **о.** Поговори́те с ке́м-нибудь.

2. Вы ничего́ не по́няли? — Нет, я ко́е-что по́нял(а).
Вы никуда́ не е́здили? — Нет, я ко́е-куда́ е́здил(а).

а. Вы никого́ не встре́тили? **б.** Вы никому́ не писа́ли? **в.** Вы нигде́ не спроси́ли? **г.** У вас нет никаки́х журна́лов? **д.** Вы никуда́ не ходи́ли? **е.** Вы ничего́ не заказа́ли? **ж.** Вы ни с кем не танцева́ли? **з.** Дождь нигде́ не шёл?

3. Де́вять я́блок и три челове́ка. — Мо́жно дать ка́ждому (всем) по три я́блока.
Де́сять книг и де́сять челове́к. — Мо́жно дать ка́ждому (всем) по (одно́й) кни́ге.

а. четы́ре журна́ла и четы́ре челове́ка **б.** 100 руб. и пять челове́к **в.** оди́ннадцать газе́т и оди́ннадцать челове́к **г.** два́дцать стака́нов и де́сять челове́к **д.** де́вять я́блок и де́вять челове́к **е.** 200 бла́нков и два́дцать челове́к **ж.** три́дцать коп. и де́сять челове́к **з.** пять ма́рок и пять челове́к

***4.** Име́ется пять столо́в, и есть 12 жела́ющих игра́ть в насто́льный те́ннис. Как их распредели́ть? — Э́то о́чень про́сто. На четырёх стола́х бу́дут игра́ть по два челове́ка, а на одно́м столе́ бу́дут игра́ть две кома́нды по два челове́ка.

Есть три волейбо́льных площа́дки и три́дцать два жела́ющих игра́ть в волейбо́л. Как их распредели́ть? — Э́то о́чень про́сто. На двух площа́дках бу́дут игра́ть четы́ре кома́нды по пять челове́к, и на одно́й площа́дке бу́дут игра́ть две кома́нды по шесть челове́к, и́ли же дво́е бу́дут отдыха́ть.

Есть десять желающих кататься на лодке. Остаются напрокат ещё три лодки. Как их распределить? — Это очень просто. В две лодки сядут по три человека (по трое), а в третью лодку сядут четыре человека (четверо).

а. 5 столов/10 человек **б.** 4 стола/12 человек **в.** 2 площадки/14 человек **г.** 4 поля/20 человек **д.** 2 лодки/2 человека **е.** 4 лодки/10 человек **ж.** 6 столов/14 человек **з.** 5 полей/54 человека **и.** 7 лодок/15 человек **к.** 3 стола/7 человек **л.** 3 лодки/11 человек

*5. Сколько вы заплатили за пластинки? — По рублю за штуку.
Сколько вы заплатили за сахар? — По две марки за кг.

а. стаканы **б.** чай **в.** водка **г.** бутерброды **д.** чашки **е.** ножи **ж.** билеты **з.** рубашки **и.** цветы **к.** конверты

6. Сколько будет пять умножить на два? — Пять умножить на два равно десяти (будет десять).

а. $5 \cdot 25$ **б.** $6 \cdot 20$ **в.** $3 \cdot 6$ **г.** $3 \cdot 12$ **д.** $10 \cdot 70$ **е.** $3 \cdot 11$ **ж.** $3 \cdot 7$ **з.** $7 \cdot 6$ **и.** $9 \cdot 6$

7. Сколько будет десять разделить на два? — Десять разделить на два равно пяти (будет пять).

а. $120 : 6$ **б.** $180 : 3$ **в.** $243 : 3$ **г.** $142 : 2$ **д.** $160 : 4$ **е.** $180 : 2$ **ж.** $400 : 4$ **з.** $5000 : 2$

8. Если вычесть из пяти два, то получится три.
Если прибавить к трём два, то получится пять.

а. $7 - 5$ **б.** $8 - 4$ **в.** $10 - 6$ **г.** $40 - 30$ **д.** $100 - 20$ **е.** $120 - 25$ **ж.** $16 - 3$ **з.** $1000 - 300$ **и.** $2\,000\,000 - 1\,500\,000$ **к.** $9\,000\,000 - 3\,000\,000$

9. $(4 + 5)$ Четыре плюс пять равно девяти (будет девять).
$(9 \cdot 2)$ Девять умножить на два равно восемнадцати.

а. $3 + 7$ **б.** $24 : 8$ **в.** $24 \cdot 2$ **г.** $150 : 5$ **д.** $160 - 60$ **е.** $4 \cdot 3$ **ж.** $9 \cdot 10$ **з.** $20 - 1$ **и.** $10 + 5$ **к.** $1000 : 8$ **л.** $700 - 200$ **м.** $79 + 1$ **н.** $84 : 4$ **о.** $62\,000\,000 - 3\,000\,000$ **п.** $2/5 - 1/5$ **р.** $1{,}3\% + 3{,}2\%$ **с.** $5 \cdot 12000$

10. Мне нужно было двести рублей. Но у меня их тогда не было. Пришлось взять в долг у брата.
Моему брату нужен был велосипед, но у него своего велосипеда не было. Ему пришлось взять велосипед напрокат.

а. Мне нужно было триста рублей. **б.** Моему брату нужен был магнитофон. **в.** Мне нужны были пластинки с танцевальной музыкой. **г.** Моему брату нужны были деньги. **д.** Моей сестре нужна была машина. **е.** Мне нужна была посуда.

*11. Погода прекрасная. — Хорошо бы поехать за город.
Тормоза плохо работают. — Надо бы заменить их.
— Надо бы их отремонтировать.

а. Поездки в Болгарию стоят недорого. **б.** Выставка, кажется, интересная. **в.** Таня не знает, что делать. **г.** Наверное, Лёня уже вернулся. **д.** Ожидаются небольшие дожди. **е.** Выпал снег.

*12. Это справедливо?

Когда муж и жена разводятся, муж должен платить деньги жене. Вы считаете, что это справедливо? — Следует учесть, что жена много лет работала домохозяйкой и что поэтому у неё нет своей зарплаты и не будет своей пенсии; после стольких лет работы по дому ей трудно бывает найти подходящее рабочее место. Я считаю, что это справедливо, что муж должен платить.
— А я считаю, что это несправедливо. Если в таких случаях больше не учитывают вину, жена может, если захочет, преднамеренно испортить жизнь мужу. Она живёт хорошо с другим мужчиной, а мужу трудно жить и трудно найти другую жену.

а. Во многих случаях пенсионеры получают больше денег, чем молодые люди, которым деньги намного нужнее. Молодые работают, а пенсионеры нет. Это справедливо? **б.** Водители, живущие в крупных городах, платят намного больше страховым компаниям, чем водители, живущие в сельской местности и в маленьких или средних городах. Это справедливо? **в.** Одни звери умеют хорошо плавать, бегать, летать, а другие умеют только хорошо бегать. Это справедливо? **г.** Чтобы поступить в университет и другие вузы в СССР, надо сдать вступительные экзамены (в ФРГ иметь хорошие оценки). Это справедливо? **д.** Детей рожают только женщины. Это справедливо?

13. Выберите правильный вариант.

I. Царь Пётр встретил мужика **а)** в поле.
б) в лесу.
в) на дороге.
г) перед домом мужика.

II. Царь просит мужика **а)** вывести его из лесу.
б) дать ему лошадь.
в) покормить лошадь.
г) дать лошади воды.

III. Царь предлагает мужику **а)** кормить его детей.
б) рубить дрова.
в) платить его долги.
г) заплатить ему за помощь.

IV. **а)** Царь снял шапку.
б) Мужик снял шапку.
в) Народ снял шапки.
г) Царь и мужик сняли шапки.

V. Мужик даёт в долг — **а)** дочерей растит.
б) сыновей кормит.
в) отца-мать кормит.
г) царю платит.

*14. Исходя из текста, охарактеризуйте мужика и царя на немецком и русском языке.

*15.
> Вы играете в волейбол?
> Я не играю в волейбол. У меня нет охоты играть в волейбол (мне не хочется). Мне не нравится эта игра, хотя у меня есть, с кем играть в волейбол.
> — Я играю в волейбол довольно часто, раз в неделю, иногда два раза или три раза в неделю.
> — Я бы охотно играл(а) в волейбол, но не умею играть. Я ещё не нашёл(шла) желающего научить меня этой игре.

а. играть в шахматы **б.** купить новую машину **в.** посетить Польшу **г.** ездить верхом на лошади **д.** ...

*16. | Как пройти к ближайшей аптеке? — Идите прямо, потом сверните влево на улицу ..., потом опять влево и через двести метров увидите аптеку на правой стороне улицы. — Большое вам спасибо.

а. ближайшая почта **б.** вокзал **в.** остановка автобуса **г.** магазин «Цветы» **д.** театр **е.** музей **ж.** универмаг **з.** кинотеатр **и.** станция метро **к.** стадион **л.** отделение милиции **м.** гостиница **н.** телефон-автомат

*17. **Ответьте на следующие вопросы.**

а. Как мужик оценивает своих родителей, своих дочерей, своих сыновей? **б.** Почему мужик сначала не хочет вывести царя из леса? **в.** Почему мужик, даже выйдя из леса и видя, что народ снимает шапки, не узнаёт царя? **г.** У вас большая семья? **д.** На что вы тратите свои деньги? **е.** Какие семьи вы считаете большими? **ж.** Далеко ли вы бывали? **з.** Вы умеете ездить верхом на лошади? **и.** Вам хотелось бы иметь свою лошадь?

15A Приглашение

① Господин Берг приехал зимой в Москву в качестве представителя одной из швейцарских фирм на международную выставку, организованную в парке Сокольники. Жена его работала переводчицей на той же выставке.

Один из посетителей, который долго беседовал с Бергом, спросил его под конец:

— А где вы думаете встречать Новый год?

— Мы хотели пойти с женой в ресторан при гостинице.

— Может, вы к нам в гости придёте?

— Не возражаю.

— Договорились. Мы живём на улице Баумана[1], дом № 6, кв. 5. Это недалеко отсюда. Приезжайте к нам часов в девять вечера.

— Я очень благодарен за приглашение. Мы непременно приедем.

② Вечером господин Берг решил заранее заказать такси. Для этого он обратился к дежурной в гостинице:

— Скажите, пожалуйста, вы не могли бы вызвать нам такси?

— Да, а на какое время вам нужна машина?

— На без четверти девять.

— Хорошо. Я позвоню вам в номер.

— Спасибо большое.

— Не за что.

---

[1] Эта улица называется так в честь Н. Э. Баумана, профессионального революционера, одного из руководителей московского пролетариата во время первой русской революции 1905 г.

③ Ровно в 20 ч. 45 мин. такси у гостиницы. Господин и госпожа Берг садятся в машину.
— Добрый вечер.
— Здравствуйте.
— Отвезите нас, пожалуйста, на улицу Баумана, № 6.

— Приехали. С вас 67 коп.
Господин Берг даёт шофёру рубль и говорит:
— Спасибо. Сдачи не надо. Всего вам наилучшего в Новом году..
— Благодарю. И вам тоже.

④ Господин и госпожа Берг поднимаются наверх по лестнице и звонят в квартиру № 5. Дверь открывает хозяин.
— Добрый вечер, Анатолий Аркадьевич.
— Добрый вечер. Проходите, раздевайтесь. Как дела?
— Спасибо, ничего.
— Разрешите представить — это моя жена Ольга Павловна. А это наш сын Володя.
— Очень приятно. Рады познакомиться.

⑤ Господин Берг преподносит хозяйке букет цветов, а его жена дарит ей коробку конфет. Хозяйка благодарит и приглашает гостей к накрытому столу.
— Какая у вас удобная квартира. А ёлка какая красивая, с блестящими игрушками! Как у нас на рождество.
— Вы знаете, рождество справляют у нас только верующие. Зато Новый год является для всех большим праздником.

⑥ — Угощайтесь, пожалуйста, не стесняйтесь. Налить вам вина?
— Да, пожалуйста.
За разговором незаметно проходит время. Часы бьют 12. И тогда все встают из-за стола, поднимают бокалы и произносят тосты.
— С Новым годом! За ваше здоровье!
— С новым счастьем!
— Желаем вам здоровья и дальнейших успехов в Новом году.
— Спасибо. И вам также.
Гости и хозяева целуются.

⑦ Спустя́ не́сколько часо́в го́сти собира́ются уходи́ть.
— Мы о́чень сожале́ем, но нам пора́.
— Огро́мное вам спаси́бо за приём.
— Не сто́ит. Наде́емся, что мы ско́ро опя́ть уви́димся. Позво́льте подари́ть вам на па́мять о встре́че скро́мный сувени́р.
Господи́н и госпожа́ Берг спуска́ются по ле́стнице и возвраща́ются в гости́ницу в отли́чном настрое́нии.

Цюрих, 30 января 19.. года

Уважаемые Ольга Павловна и Анатолий Аркадьевич!

Извините, пожалуйста, что мы так долго не писали вам. Мы были искренно рады познакомиться с вашей чудесной страной. Ещё раз благодарим вас за радушный приём и гостеприимство.

Позавчера я получила сообщение о том, что буду работать переводчицей на конференции в Брюсселе с 22 по 27 февраля. Нужно подготовиться к этой поездке, поэтому в ближайшее время буду очень занята. У мужа много дел на фирме. В остальном у нас всё по-прежнему.

Мы не хотели бы терять контакт с вами, и для нас было бы большой радостью постоянно с вами переписываться. Посылаем вам фотографии, сделанные в новогодний вечер. Надеемся, что они вам понравятся.

Перед тем, как закончить это письмо, хочу обратиться к вам с просьбой. На одном из концертов в Москве мы слушали концерт для скрипки с оркестром Сибелиуса в исполнении В. Третьякова. Игра этого талантливого музыканта произвела на нас большое впечатление. Я пыталась купить эту пластинку в магазинах, но её нигде не было. Если это вас не затруднит, пожалуйста, пришлите нам две штуки /одну я хочу подарить брату/. Заранее благодарю вас.

Передайте, пожалуйста, большой привет Володе. Обещаю послать ему открытки из Брюсселя для пополнения его коллекции открыток с видами городов. С нетерпением ждём вашего ответа. Напишите нам о себе: что у вас нового, как ваше здоровье, какие у вас заботы?

Желаем вам всего самого наилучшего.

Ваши Барбара и Вальтер Берг

В магазине пластинок

— Девушка, у вас есть первая симфония Чайковского «Зимние грёзы»?
— Да, есть.
— А кто её исполняет?
— Государственный симфонический оркестр СССР под управлением Евгения Светланова.
— Не могли бы вы дать мне прослушать первую часть симфонии?
— Пожалуйста.
— Мне очень нравится эта пластинка. Я беру её.
— Пожалуйста, уплатите 1 рубль 45 копеек в кассу.

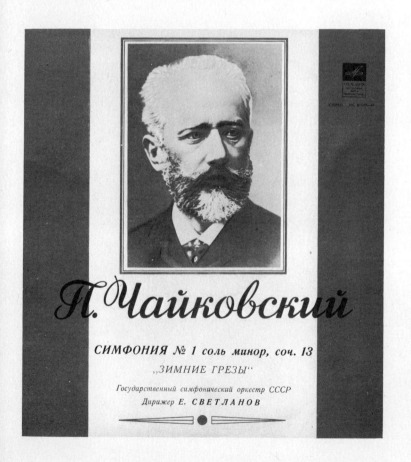

15B

1. derselbe, dieselbe, ... ebendort, ebenso ...

Drei Möglichkeiten: a) тот же, та же, ...
b) тот са́мый, та са́мая, ...
c) тот же са́мый, та же са́мая, ...

На той же вы́ставке, на той са́мой вы́ставке, на той же са́мой вы́ставке.
Aber: там же, так же, туда́ же, отту́да же, сто́лько же, тако́й же: nur eine Möglichkeit

2. wie ..., so ... (→ 2B8)

тако́й како́й } + Adjektiv	так как } + { Adjektiv Adverb
Langform/по́лная фо́рма	Kurzform/кра́ткая фо́рма
Она́ така́я краси́вая. Кака́я она́ краси́вая.	Он так дово́лен. Как она́ ра́да. Как далеко́. Э́то так же далеко́.

3. Zeitangaben mit в, на

в э́ту секу́нду	на э́той неде́ле
в э́ту мину́ту	в э́том ме́сяце
в э́тот моме́нт	в э́том году́
в э́тот час*	в э́том ве́ке
в э́то у́тро	
в э́тот ве́чер	
в э́ту ночь	
в э́тот день	
в э́ту суббо́ту	
в э́то вре́мя	
Mit A: kürzere Zeiträume	Mit P: längere Zeiträume
* Aber: в кото́ром часу́?	Aber: раз в год

4. Konjunktionen und Präpositionen der Zeit

bevor (1)   перед тем как / прежде чем / до того как
während (2)   в то время как / когда / во время *(+ G)*
nachdem (3)   после того как / когда

Statt (2) und (3) kann man auch die деепричастия der Gleichzeitigkeit (2) und der Vorzeitigkeit (3) benutzen. Voraussetzung: gleiches Subjekt in Haupt- und Nebensatz.

sobald, kaum   только..., как... / как только
                  не успел(а, о, и)..., как
                  как... и...

Только мы зарегистрировались, **как** Бориса посылают на Север.
Не успел я перебежать через мостик, **как** вдруг что-то затрещит.
Как выедем в поле **и** увидишь царя.

seit   уже... как
          со дня (+ Handlungssubstantiv)
          с тех пор как

Уже месяц **как** я живу в общежитии.
Завод гарантирует нормальную работу в течение двух лет **со дня продажи**.
С тех пор как в 1900 году мода впервые показала..., подол удлинялся,...

5. Unvollendeter Aspekt im Imperativ für Bekanntes

Приходите ко мне в гости. **Раздевайтесь. Проходите** в комнату.
Aufforderungen zu Handlungen, die sich aus der Situation bzw. der herrschenden Norm ergeben, die also keine neue Information mitteilen, werden mit dem unvollendeten Aspekt ausgedrückt. Der unvollendete Aspekt wird auch dann benutzt, wenn die Handlung schon dadurch bekannt ist, daß sie vorher genannt worden ist, vergleichbar dem unbestimmten (≈ vollendeter Aspekt) und bestimmten Artikel (≈ unvollendeter Aspekt) der deutschen Substantive.
Может, вы к нам в гости **придёте**? *(v. Aspekt)* ... **Приезжайте** к нам часов в девять вечера. *(uv. Aspekt)*

6. lassen

а) разреши́ть ⎫ Не могли́ бы вы **дать** мне послу́шать пе́рвую
позво́лить ⎭ часть симфо́нии?
б) прину́дить   Кра́сный свет светофо́ра **заставля́ет** маши́ну останови́ться.
                 Не **заставля́йте** ждать себя́.
                 Жена́ **приказа́ла** му́жу сходи́ть за карто́шкой.

15C

1.
> Ваш сосе́д роди́лся в Га́мбурге. — Я роди́лся(ла́сь) в том же го́роде (там же).
> Ваш сосе́д но́сит краси́вые очки́. — Я ношу́ таки́е же очки́.
> У нас (с ним) одина́ковые очки́.

а. Ваш сосе́д ходи́л в сре́днюю шко́лу на у́лице Ба́умана. **б.** Ваш сосе́д рабо́тает на автомоби́льном заво́де ... **в.** Ваш сосе́д е́здит на но́вом «Фо́рде». **г.** У ва́шего сосе́да больши́е о́кна. **д.** Ваш сосе́д хо́дит за проду́ктами в магази́н ... **е.** Ваш сосе́д смо́трит спорти́вные переда́чи по второ́й програ́мме телеви́дения. **ж.** Ваш сосе́д прово́дит о́тпуск в Ита́лии.

2.
> Ни́на краси́вая? — Да кака́я (ещё) краси́вая!
> Вале́рий хо́дит ча́сто на стадио́н? — Да как (ещё) ча́сто!

а. Тама́ра ра́да? **б.** У них удо́бная кварти́ра? **в.** Господи́н Берг подари́л тебе́ вку́сные конфе́ты? **г.** Э́то далеко́? **д.** Господи́н Берг за́нят? **е.** Воло́дя тала́нтливый музыка́нт? **ж.** Де́ти скро́мные? **з.** Анато́лий Арка́дьевич дово́лен? **и.** У них больша́я маши́на?

3.
> Я был(а́) в за́ле мину́ту. — В э́ту мину́ту, должно́ быть, меня́ не́ было в за́ле.
> Я был(а́) в Ту́ле ме́сяц. — В э́том ме́сяце меня́ не́ было в Ту́ле.

а. Я был(а́) на вы́ставке вчера́ у́тром. **б.** Я был(а́) в Ленингра́де в 1977 году́. **в.** Я был(а́) у Анато́лия ве́чером шестна́дцатого ма́рта. **г.** Я был(а́) в Ирку́тске в апре́ле. **д.** Я был(а́) в Любе́ке в суббо́ту, тре́тьего ма́я. **е.** Я был(а́) на вы́ставке с четырёх до пяти́ часо́в. **ж.** Я рабо́тал(а) в ночь с шесто́го на седьмо́е ма́я.

4. Вставьте подходящий союз.

> Господи́н и госпожа́ Берг зака́зывают такси́ пе́ред тем как пое́хать в го́сти.
> В то вре́мя как госпожа́ Берг бу́дет рабо́тать в Брюссе́ле, муж её сам бу́дет убира́ть кварти́ру.
> По́сле того́ как господи́н и госпожа́ Берг позвони́ли в кварти́ру, Анато́лий Арка́дьевич откры́л дверь.

а. ... господи́н и госпожа́ Берг вошли́ в кварти́ру, Анато́лий Арка́дьевич предста́вил им своего́ сы́на. **б.** ... пригласи́ть господи́на и госпожу́ Берг прие́хать к нему́ в го́сти, Анато́лий Арка́дьевич спроси́л их, где они́ ду́мают встреча́ть Но́вый год. **в.** ... господи́н и госпожа́ Берг встреча́ли Но́вый год в Москве́, их ма́ленькая до́чка спала́ у ба́бушки. **г.** ... господи́н и госпожа́ Берг ушли́, Анато́лий Арка́дьевич подари́л им сувени́р на па́мять о встре́че. **д.** ... шофёр назва́л це́ну, господи́н Берг заплати́л за прое́зд. **е.** ... господи́н и госпожа́ Берг верну́лись в Швейца́рию, Анато́лий Арка́дьевич и О́льга Па́вловна получи́ли письмо́ от них.

5.
> Мой нача́льник хоте́л, что́бы я перевела́ текст до́ма по́сле рабо́ты. — Он заста́вил меня́ перевести́ текст до́ма по́сле рабо́ты.
> В тот день мне хоте́лось пойти́ на рабо́ту на два часа́ по́зже (обы́чного). — В тот день мой нача́льник разреши́л мне прийти́ на два часа́ по́зже.

а. Мне хоте́лось уйти́ ра́ньше пяти́ часо́в. **б.** Мой нача́льник хоте́л, что́бы я напеча́тал ещё два письма́, хотя́ рабо́чее вре́мя уже́ ко́нчилось. **в.** Мне хоте́лось купи́ть пода́рки в рабо́чее вре́мя. **г.** Мой нача́льник хоте́л, что́бы я свари́ла ко́фе для госте́й. **д.** Мой нача́льник хоте́л, что́бы я говори́ла с гостя́ми по-ру́сски. **е.** Мне хоте́лось позвони́ть свое́й подру́ге в рабо́чее вре́мя.

*6.
> Вы хоти́те провести́ ве́чер вме́сте со знако́мыми. Как вы приглаша́ете их? — Вы бу́дете свобо́дны ве́чером в четве́рг и́ли вы за́няты? Е́сли вы свобо́дны, мо́жет, вы в го́сти к нам придёте?

а. Вам ну́жно такси́. Вы про́сите дежу́рную в гости́нице помо́чь вам. Что вы ей говори́те? **б.** Вы се́ли в такси́ и поздоро́вались с такси́стом. Скажи́те ему́, куда́ вас отвезти́. **в.** Ва́ши го́сти то́лько что вошли́ в коридо́р ва́шей кварти́ры. На них пальто́. Что вы им говори́те? **г.** Вы хоти́те предста́вить свои́х дочере́й гостя́м. Что вы говори́те? **д.** Вы провели́ о́чень прия́тный ве́чер у кого́-то. Вы замеча́ете, что уже́ о́чень по́здно. Вре́мя прошло́ незаме́тно. Что вы говори́те хозя́евам? **е.** Вы пригласи́ли знако́мого(ую) в го́сти. Вы нали́ли ему́ пе́рвый стака́н вина́ и собира́етесь вы́пить. Что вы говори́те ему́ (ей)? **ж.** Вы встреча́ете знако́мого(ую) под Но́вый год. Что вы ему́ (ей) говори́те? **з.** Вы не зна́ете, жела́ет ли ва́ш(а) го́сть(я) ещё стака́н вина́. Как вы тогда́ спра́шиваете? **и.** Ва́ши го́сти собира́ются уходи́ть. Вы хоти́те подари́ть им сувени́р. Что вы им говори́те?

*7. Разыгра́йте сце́ны из те́кстов вме́сте с други́ми уча́щимися.

*8. Отве́тьте на сле́дующие вопро́сы.

а. Вы ча́сто хо́дите в го́сти? **б.** Вы е́здили в Сове́тский Сою́з в ка́честве тури́ста и́ли представи́теля фи́рмы? **в.** Вы бы́ли дово́льны свои́м ги́дом-перево́дчицей (ги́дом-перево́дчиком)? **г.** Как вы встреча́ете Но́вый год? **д.** Вы предпочита́ете встреча́ть Но́вый год в рестора́не, у себя́ до́ма с гостя́ми и́ли в гостя́х у знако́мых? **е.** Вы ча́сто приглаша́ете знако́мых и друзе́й к себе́ домо́й? **ж.** Чем вы угоща́ете свои́х госте́й? **з.** Как вы справля́ете рождество́? **и.** Вы ве́рующий(ая)? **к.** Вы перепи́сываетесь с ке́м-нибудь? **л.** Каки́е вы покупа́ете пласти́нки? **м.** Каки́е у вас забо́ты? **н.** Как вы справля́ете свой день рожде́ния? **о.** У вас есть како́е-нибудь хо́бби? **п.** Вы коллекциони́руете что́-нибудь?

*9. В чью честь (в честь чего́) на́званы изве́стные вам у́лицы ва́шего го́рода?

*10. Прореаги́руйте.

> Мо́жет, вы придёте к нам в го́сти за́втра ве́чером? — Не возража́ю.
> — О́чень сожале́ю, но мы уже́ приглашены́ к друзья́м. Мы к вам придём в го́сти в друго́й раз.
> — С удово́льствием. Я о́чень благода́рен за приглаше́ние. Мы непреме́нно придём.
> — Я согла́сен. Скажи́те ещё свой а́дрес и в кото́ром часу́ (во ско́лько) прийти́.
> — Хорошо́. Мы не за́няты и о́чень ра́ды приглаше́нию. Договори́лись. Мы придём к вам в го́сти.
> ...

а. Прие́хали. С вас 67 копе́ек. — ... **б.** Огро́мное вам спаси́бо за приём. — ... **в.** Нали́ть вам вина́? — ... **г.** Разреши́те вам предста́вить — э́то моя́ жена́ О́льга

Павловна. А это наш сын Володя. — ... **д.** Желаем вам здоровья и дальнейших успехов в Новом году. — ... **е.** Мы очень сожалеем, но нам пора. — ... **ж.** Я пыталась купить эту пластинку в магазинах, но её нигде не было. Если это вас не затруднит, пожалуйста, пришлите нам две штуки. — ... **з.** Передайте, пожалуйста, привет Володе. — ...

*11.
> Когда состоится конференция в Брюсселе? — Конференция в Брюсселе состоится с двадцать второго по двадцать седьмое февраля.

а. Когда у вас будет отпуск (будут каникулы)? **б.** А когда будет ... выставка ...? **в.** экзамены **г.** вечерние курсы **д.** первенство мира (Европы, страны) по футболу (...) **е.** рождество **ж.** пасха **з.** троица **и.** фестиваль ...

*12.
> У вашего гостя пустой стакан. — Налить вам вина?
> Ваша гостья, кажется, устала. — Сварить вам кофе?

а. Ваш гость несёт тяжёлый чемодан. **б.** Вашим гостям нужно такси. **в.** Ваша гостья ещё не читала газету. **г.** Вашим гостям хочется посмотреть хороший спектакль в вашем городе. **д.** Вашему гостю, кажется, нужен сахар. **е.** Может быть, вашей гостье хочется послушать последние известия по радио. **ж.** Ваши гости не успели попрощаться с общими знакомыми. **з.** Темнеет. Ваш гость с трудом вас видит.

*13. Напишите ответное письмо госпоже Берг.

16A

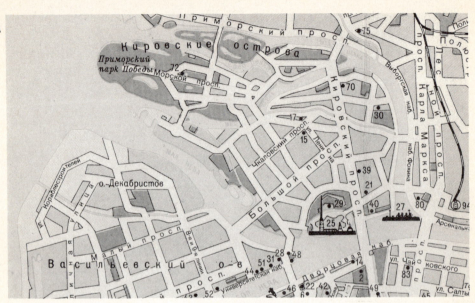

Клуб здоро́вья.

«Нам не стра́шен ве́тер злю́щий, нам заря́дка — о́тдых лу́чший», — ве́село пою́т чле́ны клу́ба здоро́вья на Ки́ровских острова́х в Ленингра́де. В стиха́х нет преувели́чения: заня́тия в гру́ппах, действи́тельно, состоя́тся в любу́ю пого́ду — и в жару́, и в хо́лод. Днём в ЦПКиО и́мени Ки́рова трениру́ются по преиму́ществу де́ти и пенсионе́ры, по вечера́м — рабо́чие и слу́жащие. Пра́вда, среди́ них нема́ло тех, кому́ давно́ бы пора́ находи́ться на заслу́женном о́тдыхе, т. е. на пе́нсии, но...
— Сиде́ть до́ма сложа́ ру́ки? Нет, — се́рдится Ива́н Анто́нович Серге́ев. — Я хожу́ в клуб три ра́за в неде́лю: по понеде́льникам, среда́м и пя́тницам.
Несмотря́ на свои́ 64 го́да, он рабо́тает в констру́кторском бюро́. А даю́т ему́ си́лы, по глубо́кому его́ убежде́нию, системати́ческие трениро́вки. Он посеща́ет гру́ппу здоро́вья уже́ 15 лет, постепе́нно привлёк к заня́тиям жену́ и дочь. Вну́ков — близнецо́в Ге́ну и Ли́ду приуча́ет к у́тренней заря́дке.
Во владе́ния клу́ба вхо́дят кабине́т врача́, душевы́е, раздева́лки, гардеро́бные. Абоне́ментная пла́та за посеще́ние групп здоро́вья невысока́ — 2 руб. 50 коп. в ме́сяц, но э́тих де́нег хвата́ет на содержа́ние постоя́нного шта́та клу́ба. В небольшо́м за́ле

всегда́ мно́го люде́й, сюда́ собира́ются до и по́сле заня́тий, бесе́дуют, смо́трят телеви́зор, игра́ют на пиани́но. У мно́гих есть о́бщие интере́сы. То вме́сте на театра́льную премье́ру пойду́т, то ло́вят ры́бу на о́зере. Дни рожде́ния и пра́здники нере́дко справля́ют всей гру́ппой.

Но, разуме́ется, гла́вное, что объединя́ет всех уча́стников клу́ба, — э́то любо́вь к физкульту́ре и спо́рту. Ча́сто ме́жду гру́ппами устра́иваются соревнова́ния. Волейбо́л и те́ннис, ката́ние на конька́х и бег, гре́бля и бадминто́н — э́то их люби́мые ви́ды спо́рта.

Отры́вок из интервью́ с изве́стным спортсме́ном, кото́рый завоева́л две золоты́х меда́ли.

— Альбе́рто, посове́туйте, как стать два́жды олимпи́йским чемпио́ном?
— Пре́жде всего́ ну́жно попа́сть на Олимпи́йские и́гры. Для э́того тре́буется упо́рство, о́чень мно́го труда́ и хоро́ший тре́нер. И, коне́чно, почти́ «стери́льная» жизнь: не кури́ть, не пить спиртно́го и с чётким распоря́дком дня.
— Како́в он у вас, э́тот распоря́док дня?
— Не́сколько лет оди́н и тот же: в 6.30 встаю́, с 7.00 до 8.30 — трениро́вка, с 9.00 — университе́т. Зате́м обе́д и сон. С 15.00 до 19.00 ве́чера сно́ва трениро́вка, а пото́м моё ли́чное вре́мя. В 23.00 ложу́сь спать.
— На како́м факульте́те вы у́читесь в университе́те?
— На экономи́ческом.
— Как вам удаётся совмеща́ть акти́вный спорт с учёбой в университе́те?
— На экза́мене преподава́телю ну́жно смотре́ть в глаза́, а он зна́ет, что я «тот са́мый», кото́рый неда́вно верну́лся отку́да-то из-за рубежа́, принима́л там уча́стие в междунаро́дных соревнова́ниях и наверняка́ не всё вы́учил. Пове́рьте, ски́дки мне в университе́те не даю́т: ты знамени́тый чемпио́н там, на стадио́не, а здесь ты пока́ прогу́льщик. Вот я и стара́юсь доказа́ть, что спорт и экономи́ческие нау́ки вполне́ возмо́жно совмести́ть.

СПОРТ

Пе́рвенство СССР по хокке́ю (на льду́)

Люби́тели хокке́я, ви́димо, не забы́ли ещё воскре́сного ма́тча пе́рвенства страны́ ме́жду чемпио́ном СССР ЦСКА и ленингра́дским СКА. Тогда́ моско́вские арме́йцы победи́ли сопе́рников со счётом 10 : 5.
А че́рез день, во вто́рник, э́ти клу́бы встре́тились вновь, и ЦСКА проигра́л со счётом 1 : 3. Сле́дует отме́тить вратаря́ СКА Шепова́лова, выступа́ющего в сбо́рной СССР. Ита́к, турни́рные неприя́тности у чемпио́на продолжа́ются. Это восьмо́е пораже́ние столи́чных арме́йцев в ны́нешнем сезо́не. Напо́мним, что и́менно сто́лько про́игрышей бы́ло у них в про́шлом чемпиона́те, но за весь сезо́н.
Сейча́с пе́рвое ме́сто занима́ет кома́нда моско́вского «Дина́мо».

Расска́з больно́го

Заболе́в гри́ппом, я лёг в крова́ть, и́бо у меня́ начали́сь на́сморк и ка́шель, и я почу́вствовал, что у меня́ боли́т голова́. Жена́ дала́ мне гра́дусник. Температу́ра была́ о́коло 39°. У́тром моё состоя́ние не улу́чшилось. Жена́ вы́звала врача́ на́ дом. До́ктор прие́хал че́рез три часа́ и, осмотре́в меня́, вы́писал мне бюллете́нь на 5 дней, реце́пты на лека́рства и не веле́л встава́ть. Принима́я регуля́рно лека́рства, я почу́вствовал себя́ лу́чше. И когда́ врач сно́ва прие́хал, я был почти́ совсе́м здоро́в. Он продли́л мой больни́чный лист ещё на два дня. Че́рез два дня я отпра́вился в поликли́нику, что́бы заве́рить больни́чный лист, а зате́м пошёл на рабо́ту. Дни мое́й боле́зни бы́ли опла́чены стопроце́нтно.

Коро́ткая информа́ция о медици́нском обслу́живании

В ка́ждом райо́не существу́ют райо́нные поликли́ники. В них есть врачи́-терапе́вты и врачи́-специали́сты, наприме́р, глазно́й врач, хиру́рг, невропато́лог, гинеко́лог, отоларинго́лог, педиа́тр и др. Больни́чного страхова́ния в СССР не существу́ет: лече́ние в поликли́нике и больни́це беспла́тное, включа́я опера́ции любо́й сло́жности. Иностра́нцам, находя́щимся в Сове́тском Сою́зе, та́кже ока́зывается

бесплатная медицинская помощь. Лекарства покупаются в аптеке по рецепту и без рецепта.
Большинство врачей в Советском Союзе — женщины (85%). В СССР один врач приходится на 300 человек.

Ответьте на вопросы.

1. Что вам известно о больничном страховании в ФРГ (...)?
2. Лежали ли вы когда-нибудь в больнице?
3. Вам делали какую-нибудь операцию?
4. Если да, было ли вам больно или операция проводилась под (местным, общим) наркозом?
5. Были ли у вас в жизни какие-нибудь травмы?
6. Текла ли у вас при этом кровь?
7. Болели ли вы кожными заболеваниями?
8. Был ли у вас когда-нибудь перелом (пальца, руки, ноги и т. д.)?
9. Вы часто болеете? Если да, то чем?
10. Расскажите о ваших болезнях.
11. Что вы делаете в случае болезни (принимаете лекарства, вызываете врача на дом, идёте в поликлинику, идёте на приём к частному врачу, ложитесь в больницу)?

16B 1. montags — abends

> **по понедéльникам, по средáм**
> Я хожý в клуб три рáза в недéлю: по понедéльникам, по средáм и по пя́тницам.
> Aber: в срéду, второ́го апрéля
>
> **по утрáм, по вечерáм, по ночáм**
> = ýтром, вéчером, но́чью
> Aber: ýтром трéтьего апрéля

2. **Wetterumstände**

> Заня́тия состоя́тся **в любýю пого́ду** — и **в жарý**, и **в хо́лод**.
> в снег, в дождь, в метéль, в моро́з

16C

*1.
> Приходи́те в срéду. — К сожалéнию, не могý, по средáм у меня́ трениро́вки.
> Приходи́те ýтром. — К сожалéнию, не могý, по утрáм я рабо́таю.

а. суббо́та **б.** вéчер **в.** понедéльник **г.** пя́тница **д.** воскресéнье **е.** ночь **ж.** четвéрг **з.** вто́рник

*2.
> Когдá вы хо́дите в клуб? — Я хожý в клуб три рáза в недéлю: по понедéльникам, по средáм и пя́тницам.
> Когдá вы слýшаете послéдние извéстия по рáдио?
> — Обы́чно по вечерáм.

а. читáть газéту **б.** ходи́ть за продýктами **в.** ходи́ть на трениро́вки **г.** чи́стить зýбы **д.** Когдá почтальо́н прино́сит вам пи́сьма? **е.** Когдá принимáет ваш врач? **ж.** Когдá вы обéдаете (ужи́наете) всей семьёй? **з.** Когдá принимáет ваш зубно́й врач? **и.** Когдá вы хо́дите в кружо́к? **к.** Когдá у вас заня́тия по рýсскому языкý?

*3. Ходи́ со мной в клуб здоро́вья. — Когда́ у вас заня́тия? По понеде́льникам. — По понеде́льникам не могу́, по понеде́льникам я хожу́ в хорово́й кружо́к.
А по вто́рникам мо́жешь? — ...

Разыгра́йте подо́бные сце́ны с други́ми уча́щимися.

4. **несмотря́ на (+ A), благодаря́ (+ D), из-за (+ G), всле́дствие (+ G)**

> Он рабо́тает в констру́кторском бюро́. Ему́ 64 го́да.
> Несмотря́ на свои́ 64 го́да, он рабо́тает в констру́кторском бюро́.
> Альбе́рто упо́рно трениру́ется. Он стал два́жды олимпи́йским чемпио́ном.
> Благодаря́ своему́ упо́рству, он стал два́жды олимпи́йским чемпио́ном.
> Я опозда́л(а). Шёл дождь. — Из-за дождя́ я опозда́л(а).

а. Чле́ны клу́ба занима́ются в па́рке. / Пого́да плоха́я. **б.** У них больши́е си́лы / постоя́нные заня́тия на све́жем во́здухе **в.** хоро́шая игра́ в ма́тче с ЦСКА / Шепова́лов выступа́ет в сбо́рной СССР. **г.** подгото́вка конфере́нции в Брюссе́ле / У госпожи́ Берг сейча́с ма́ло вре́мени. **д.** плоха́я пого́да / Матч не состоя́лся. **е.** тёплая пого́да / Я име́ю в бага́жнике лопа́тку и песо́к. **ж.** тётя Да́ша / Милиционе́р отпусти́л меня́. **з.** большо́е расстоя́ние / О́вощи и фру́кты вы́годно перевози́ть грузовико́м, так как автомоби́ль позволя́ет доста́вить их быстре́е, чем желе́зная доро́га.

5. **несмотря́ на то, что ... / благодаря́ тому́, что ... / из-за того́, что ... / всле́дствие того́, что ...**
(**сино́нимы: хотя́ ... / потому́ что ... / та́к как ...**)

> Он рабо́тает в констру́кторском бюро́. Ему́ 64 го́да.
> Несмотря́ на то, что ему́ 64 го́да, он рабо́тает в констру́кторском бюро́.
> Альбе́рто упо́рно трениру́ется. Он стал два́жды олимпи́йским чемпио́ном.
> Благодаря́ тому́, что он упо́рно трениров́ался, он стал два́жды олимпи́йским чемпио́ном.
> Я опозда́л(а). Шёл дождь. — Из-за того́, что шёл дождь, я опозда́л(а).

Приме́ры те же, что и в упражне́нии 4.

6. из-за грани́цы   из-за рубежа́   aus dem Ausland
    за грани́цей   за рубежо́м   im   Ausland
    за грани́цу   за рубе́ж   ins   Ausland

Допо́лните предложе́ния.

а. Шепова́лов вы́ступил в соста́ве сбо́рной СССР за грани́цей (за рубежо́м).
б. Со́ня привезла́ мне краси́вый плато́к из-за грани́цы.   **в.** Я е́здил на конфере́нцию за грани́цу (за рубе́ж).   **г.** Я проведу́ о́тпуск ...   **д.** Ру́сские матрёшки продаю́тся и ...   **е.** На турни́р прилете́ли и кома́нды ...   **ж.** Рекордсме́ны ча́сто е́здят ...   **з.** Анса́мбль на́шего теа́тра ещё не верну́лся ...   **и.** Мне не хвата́ет де́нег на пое́здку ...

*7. Для того́ что́бы попа́сть на Олимпи́йские и́гры, тре́буется упо́рство.
    На́шей шко́ле тре́буются учителя́ фи́зики и му́зыки.

а. На́шему заво́ду ...   **б.** Для того́, что́бы совмеща́ть спорт с учёбой в университе́те, ...   **в.** Для того́ что́бы получи́ть кварти́ру в ФРГ (А́встрии, Швейца́рии), ...   **г.** Для того́ что́бы сохрани́ть си́лы, ...   **д.** Для того́ что́бы ве́село спра́вить день рожде́ния, ...   **е.** Для того́ что́бы по́льзоваться телефо́ном-автома́том, ...   **ж.** Для того́ что́бы води́ть автомоби́ль, ...   **з.** На́шему спортклу́бу ...

8. В плоху́ю пого́ду мы остаёмся до́ма.
    В жару́ мне всегда́ хо́чется пить.

Вста́вьте одно́ из сле́дующих выраже́ний: в жару́, в хо́лод, в ... пого́ду, в моро́з, в дождь, в снег, в мете́ль, в тума́н, в бу́рю, в грозу́

а. ... на́до наде́ть плащ.   **б.** ... на́до наде́ть тёплое пальто́.   **в.** ... нельзя́ рабо́тать во дворе́.   **г.** Экску́рсия состои́тся то́лько ...   **д.** ... лу́чше рабо́тать ра́но у́тром и ве́чером.   **е.** ... ма́ленькие суда́ остаю́тся в порту́.   **ж.** ... иногда́ самолёты не лета́ют.   **з.** ... мы рабо́таем в саду́.   **и.** На́до уче́сть, что ... доро́ги осо́бенно ско́льзкие.   **к.** ... де́тям стра́шно.

9. И/Моско́вское «Дина́мо» — моско́вский «Спарта́к»: моско́вское «Дина́мо» провело́ сто́лько же игр, ско́лько и (как и) моско́вский «Спарта́к».
    Н/ЦСКА — «Кры́лья Сове́тов»: ЦСКА игра́л ча́ще вничью́, чем «Кры́лья Сове́тов».

Ш/Ленингра́дский СКА — челя́бинский «Тра́ктор»: ленингра́дский СКА заби́л ме́ньше ша́йб, чем челя́бинский «Тра́ктор».
В/Челя́бинский «Тра́ктор» — ри́жское «Дина́мо»: челя́бинский «Тра́ктор» выи́грывает ре́же, чем ри́жское «Дина́мо».
О/Челя́бинский «Тра́ктор» — ри́жское «Дина́мо»: челя́бинский «Тра́ктор» завоева́л бо́льше очко́в, чем ри́жское «Дина́мо».
П/Моско́вское «Дина́мо» — моско́вский «Спарта́к»: моско́вское «Дина́мо» прои́грывает так же ча́сто, как и моско́вский «Спарта́к».

a. И/М. «Спарта́к» — ЦСКА **б.** И/«Сиби́рь» — «Хи́мик» **в.** Н/«Торпе́до» — «Сиби́рь» **г.** О/М. «Дина́мо» — ч. «Тра́ктор» **д.** О/ЦСКА — «Кры́лья Сове́тов» **е.** В/«Кры́лья Сове́тов» — м. «Спарта́к» **ж.** Ш/М. «Дина́мо» — м. «Спарта́к» **з.** Н/«Кры́лья Сове́тов» — ЦСКА **и.** И/М. «Дина́мо» — м. «Спарта́к»

	И	В	Н	П	Ш	О
Дина́мо (М)	20	14	1	5	102-59	29
Спарта́к	20	11	4	5	93-77	26
ЦСКА	21	10	3	8	105-72	23
Кр. Сове́тов	20	11	0	9	88-82	22
Тра́ктор	15	6	3	6	62-57	15
Дина́мо (Р)	14	7	0	7	55-51	14
Торпе́до	14	6	0	8	40-54	12
Сиби́рь	13	6	0	7	44-76	12
СКА	16	3	2	11	50-82	8
Хи́мик	13	2	1	10	26-55	5

И — игра́ (коли́чество игр)
В — вы́игрыш
Н — ничья́
П — прои́грыш
Ш — ша́йба (коли́чество заби́тых шайб)
О — очки́ (коли́чество очко́в)

Испо́льзуйте соотве́тствующую табли́цу.

*10. Сообщи́те результа́ты по интересу́ющему вас ви́ду спо́рта, наприме́р, результа́ты после́дних футбо́льных ма́тчей Бундесли́ги.

11. Ту́ла не отно́сится к кру́пным города́м СССР.
Во владе́ния клу́ба вхо́дит кабине́т врача́, душевы́е, раздева́лки.

а. До́ртмунд . . . / кру́пные города́ ФРГ **б.** Шепова́лов . . . / соста́в сбо́рной СССР **в.** А́льпы . . . / высо́кие го́ры **г.** Юрий Андре́евич . . . / число́ тури́стов **д.** Спорти́вный зал . . . / владе́ния заво́да **е.** Днепр . . . / больши́е ре́ки СССР **ж.** Альбе́рто . . . / число́ рекордсме́нов

*12. Продо́лжите интервью́ с Альбе́рто.

*13. Разыгра́йте сце́ну. Оди́н уча́щийся игра́ет роль изве́стного спортсме́на (изве́стной спортсме́нки), друго́й уча́щийся берёт у него́ (у неё) интервью́.

*14. Каки́ми ви́дами спо́рта занима́ются на откры́том во́здухе, наприме́р, на стадио́нах и спортплоща́дках, а каки́ми в за́ле?

> В бадминто́н игра́ют преиму́щественно в за́ле. Соревнова́ния по бадминто́ну устра́иваются исключи́тельно в за́ле.
> Те́ннисом занима́ются в за́ле и на откры́том во́здухе. Зимо́й — в за́ле, а в остальны́е времена́ го́да на откры́том во́здухе.

а. футбо́л **б.** лёгкая атле́тика **в.** баскетбо́л **г.** бокс **д.** гандбо́л **е.** хокке́й **ж.** стрельба́ **з.** та́нцы **и.** гимна́стика **к.** пла́вание **л.** гре́бля **м.** ката́ние на конька́х **н.** ката́ние на лы́жах **о.** волейбо́л **п.** ко́нный спорт **р.** фехтова́ние **с.** па́русный спорт **т.** дзюдо́ **у.** борьба́ **ф.** рыба́лка **х.** велоспо́рт **ц.** насто́льный те́ннис

*15. Отве́тьте на вопро́сы

а. Вы занима́етесь спо́ртом в плоху́ю пого́ду? **б.** На каки́х острова́х вы уже́ побыва́ли? **в.** Вы зна́ете пожилы́х люде́й, занима́ющихся каки́м-нибудь ви́дом спо́рта? **г.** Вы ду́маете занима́ться спо́ртом и в пожило́м во́зрасте? **д.** Счита́ете ли вы необходи́мым занима́ться спо́ртом? **е.** Кто привлёк вас к спо́рту? **ж.** Вы де́лаете у́треннюю заря́дку? **з.** Как вы оце́ниваете ва́жность заря́дки (для любо́го ви́да спо́рта)? **и.** В большинстве́ сове́тских сре́дних школ устра́ивается у́тренняя заря́дка до нача́ла заня́тий. Хоте́ли бы вы ввести́ э́то в ва́шей стране́? **к.** Что вхо́дит во владе́ния ва́шего клу́ба? **л.** Кто вхо́дит в постоя́нный штат ва́шего клу́ба? **м.** Чле́ны ва́шего клу́ба собира́ются до и по́сле заня́тий? **н.** Кро́ме спо́рта, вы име́ете о́бщие интере́сы с други́ми чле́нами клу́ба? **о.** Вы справля́ете пра́здники с чле́нами ва́шего клу́ба? **п.** Вы устра́иваете в ва́шем клу́бе соревнова́ния? **р.** Каки́е ва́ши люби́мые ви́ды спо́рта?

Quellennachweis

Textquellen:

L. 1: Der Text «Почему нужно быть вежливым?» entstand nach М. С. Ходаков, «Как не надо себя вести», 2-е изд., «Молодая гвардия», Москва, 1975 г., стр. 72/73.

L. 2: «Молитва Франсуа Вийона» ist entnommen dem Buch Булат Окуджава, «Арбат, мой Арбат», стихи и песни, изд. «Советский писатель», Москва, 1976 г., стр. 105/106.

L. 3: Der Text «Как на вулкане» entstand nach В. С. Поляков, «Как на вулкане» aus В. С. Поляков, «Семь этажей без лифта», Москва, 1974 г., стр. 175-179.

L. 5: Der Text «Голубые диалоги» nach Витуате Жилинскайте, «Голубые диалоги» aus «Крокодил» № 32/1976 г., стр. 6.

L. 6: Die Texte «Отметки» und «Задание» nach Леонид Ленч, «Два пешехода» aus «Неделя» № 3/1977 г., стр. 22.

L. 7: Der Text «Мода» nach «Взлёты и падения» aus «Неделя» № 13/1977 г. стр. 21. Der Text «Хочешь быть красивым, будь им!» nach Л. Корнилов, «Будь им!» aus «Неделя» №40/1975 г., стр. 15. Der Text «Какой вы есть?» nach «Какой вы есть?» aus «Неделя» №14/1977 г., стр. 11.

L. 8: Der Text «Журналисты спрашивают, учёные отвечают» nach «Годы, прибавленные к жизни» aus «Неделя» № 2/1977 г., стр. 6/7. Der Text «Старик и яблони» von Л. Н. Толстой ist entnommen dem Buch «Для маленьких», изд. «Малыш», Москва, 1975 г., стр. 13. Der Text «Диктор 77» entstand nach «Диктор-77» aus «Неделя» № 14/1977 г., стр. 11. Der Text «Кавказские долгожители» nach В. В. Дронов, В. Е. Потапов, «По черноморскому побережью Кавказа. Абхазские долгожители» aus «Русский Язык За Рубежом» № 6/1976 г., стр. 11. Der Text «Вопросы долгожителям» nach «15 вопросов долгожителям» aus «Литературная газета» № 1/1977 г., стр. 13.

L. 9: Der Text «У каждого вида транспорта свои преимущества» nach Т. С. Хачатуров «У каждого вида транспорта свои преимущества» aus «Детская энциклопедия», изд. 3, т. 5 «Техника и производство», «Педагогика», Москва, 1974 г., стр. 364/365. Die Zahlen zum Verkehrsaufkommen im Deutschen Reich und in der Bundesrepublik Deutschland sind dem Statistischen Jahrbuch entnommen.

L. 10: Der Text «Три охотника» entstand nach Н. Носов, «Три охотника», изд. «Детская литература», Москва, 1975 г. Der Text «Гусь и журавль» ist entnommen dem Buch «Для маленьких», изд. «Малыш», Москва 1975 г., стр. 3.

L. 11: Der Text «Инструкция» entstand nach der Gebrauchsanweisung zu den Samowaren der Firma Машиностроительный завод «Штамп» им. Б. Л. Ванникова, г. Тула, 1977. Der Text «Чай» nach «Краткая энциклопедия домашнего хозяйства», 5-е изд., «Советская энциклопедия», Москва, 1976 г., стр. 1325, und «Русский Язык За Рубежом» № 6/1976 г., стр. 12. Der Text «На чай» nach Г. Марчика, «Кому какое дело?» aus «Литературная газета» №41/1975 г., стр. 16.

L. 12: Der Text «Интервью у инспектора ГАИ» entstand nach dem Text «Столичные дороги» aus «Неделя» № 8/1977 г., стр. 5. Der Text «Зимняя езда» nach А. Беспалов, «Осторожно - гололёд!» aus «Неделя» № 1/1977 г., стр. 24. Der Text «Летняя езда» nach А. Беспалов, «Осторожно - велосипедист!» aus «Неделя» № 22/1977 г. Die Übung 12 entstand nach И. С. Чернов, «Правила и безопасность движения транспорта», изд. 5-е, «издательство при Львовском государственном университете издательского объединения «Вища школа», Львов, 1978 г., стр. 11.

L. 13: Der «Краткий телефонный справочник», von dem wir die Seiten 3-7 abgedruckt haben, erschien im Verlag «Связь», Москва, 1977 г. Der Text «Как вас узнать?» entstand nach В. Свиридов, «Свидание» aus «Крокодил» № 17/1977 г.

L. 14: Der Text «Пётр I и мужик» entstand nach der gleichnamigen Erzählung von Лев Н. Толстой aus Лев Н. Толстой, «Повести и рассказы в 2 томах», т. 2, «Худ. Лит.», Москва, 1974 г., стр. 7. Die Texte «Бытовая задача» und «Решение» nach Я. И. Перельман, «Живая математика», изд. «Наука», Москва, 1974 г., стр. 5/6, 11/12.

L. 16: Der Text «Клуб здоровья» nach Л. Кафанова, «И в метель и в жару» aus «Здоровье» № 6/1977 г., стр. 24. Der Text «Отрывок из интервью с известным спортсменом, который завоевал две золотых медали» nach «Альберто Хуанторена» aus «Неделя» № 8/1977 г., стр. 13. Der Text «Первенство СССР по хоккею (на льду)» und die dazugehörige Tabelle nach «Чемпионы, подтянитесь!« aus «Известия» 6 мая 1975 г.

Bildquellen:

Fotos: Arndt Leune, Hamburg (Titelfoto); Manfred Glück, München (S. 5, 13, 21, 30, 126, 128, 140, 141, 143, 173); VAAP (S. 14, 51, 77, 79, 127); Swetlana Nikolajewa-Bischoff (S. 117); entnommen aus dem Buch «Сочинения Графа Л. Н. Толстого» Москва 1911 (S. 150); Ivan Kramskoj, Studie zum Gemälde «Bauer mit Zaum» (S. 150); Gerhard Schneider, Hamburg (S. 160).

Karikaturen:

«Крокодил» 1976, Nr. 13. (S. 22).

Zeichnungen:

Stephan Fritsch, Hamburg; Textillustration zu Л. Н. Толстой «Рассказы для детей» (S. 78); Textillustration zu «Три охотника» (S. 100, 102).